王士菁

中國字體變遷史簡編

文物出版社

把文字交给大众

谨以此书纪念鲁迅逝世70周年

目　录

上编

引　言 3
　　文字是人民创造的——把文字交给大众

从《说文解字》说起 7
　　《说文解字》是第一部研究汉字的经典著作——"六书"为造字之本——汉字形体的不同名称从秦代开始——汉字不同形体在汉代基本定型

"字是什么人造的？" 17
　　上古结绳而治——刻契是结绳的继续——图画则更进一步——文字画是象形字的原始状态

"写字就是画画" 22
　　"仓颉造字说"不符合历史情况——"六书"是在渐进的实践过程中产生的——"书画同源"

再从"钞古碑"说起 25
　　从古碑看中国字体变迁——由殷墟卜辞、周金文存看字体变迁的源流

"六书"——"造字之本" 32
　　"六书",创造汉字的基本方法——同时也是认字和用字
　　的条例——长期以来众人智慧的结晶

汉字形体变迁的基本规律 39
　　汉字演变的总趋势是简化——隶书是汉字形体变迁的转
　　折点——形声字是汉字的基本形式

汉字形体变迁和书法之成为艺术 45
　　汉代以后出现众多书家——真迹和碑帖都值得珍视

下　编

甲骨文、金文 57
　　甲骨文是镌刻在龟甲兽骨上的文字——金文则铸刻在铜
　　器上——甲骨文和金文有继承关系

篆　书 67
　　甲骨文、金文不断向前发展——篆书的形体美——最早
　　出现的书法家

隶　书 73
　　　隶书进一步发展成为真书——隶书的形体美——相继出现的书法家

真　书 79
　　　真书是继隶书之后的形体——与真书同时的还有行书、草书——更为众多的书法家在历史上出现——"永字八法"——"二王"在书法史上具有重要意义

简　化 115
　　　文字必须改革——书法艺术将永远流传下去

结束语 123
　　　继承传统——改革创新

附图目录 125

上 编

引 言

文字是人民创造的——把文字交给大众

鲁迅先生留给我们的文化遗产是很丰富的。我曾经粗略统计一下,现在已经出版的:创作小说三本、回忆散文一本、散文诗一本,共约三十五万字;杂文十六本,共约六百五十多篇,一百三十五万多字;关于中国古典文学的研究著作,辑录、校勘的中国古典文学作品,已经出版的约八十万字,还有一些尚待整理。

翻译介绍俄国、法国、德国、日本等国古典作家作品,和苏联、保加利亚、罗马尼亚、捷克、匈牙利、芬兰、荷兰、西班牙等十多个国家的现代作品,共计长篇、中篇小说和童话九本,短篇小说和童话七十八篇,戏剧两本,文艺理论著作八本,短篇论文五十篇,共计三百一十多万字。

有纪录可以查考的鲁迅书信约三千五百多封,现在能够收集到的,只有一千三百多封(《两地书》没有包括在内),共约九十多万字,其中大部分是写给青年人的。《日记》(1912年5月

5日至1936年10月15日。中缺1922年。）生前未曾发表过，其中保存古体字甚多，现已改为简体字出版。

此外，鲁迅在计划中尚有一些著作，如他生前曾经准备编写的中国文学史和中国字体变迁史，可惜都没有能够实现，竟成遗憾！

鲁迅在1927年定居上海以后，1933年6月18日《致曹聚仁》的信中，曾经写道：

"中国学问，待从新整理者甚多，即如历史，就该另编一部。古人告诉我们唐如何盛，明如何佳，其实唐室大有胡气，明则无赖儿郎，此种物件，都须褫其华衮，示人本相，庶青年不再乌烟瘴气，莫名其妙。其他如社会史、艺术史、赌博史、娼妓史、文祸史……都未有人着手。然而又怎能着手？居今之世，纵使在决堤灌水，飞机掷弹范围之外，也难得数年余粮，一屋图书。我数年前，曾拟编中国字体变迁史及文学史稿各一部，先从长编入手，但即此长编，已成难事，剪取欤，无此许多书，赴图书馆抄录欤，上海就没有图书馆，即有之，一人无此精力与时光，请书记又有欠薪之惧，所以直到现在，还是空谈。"①

鲁迅在这里所说，是从当时所处的社会环境及生活情况来考虑的。而在事实上，这之前，即在1912——1926年他尚未离开北京时，即已关心中国字体变迁以及和变迁有关的问题

---

① 见《鲁迅全集》第12卷第184页（本书所引都据1981年版，下同。）

了。这之后,即在他定居于上海之后,处于国民党反动派"文化围剿"之中,"处在决堤灌水,飞机掷弹范围之外",直到他逝世时(1936年),仍经常关心这个问题。他更进一步把字体变迁与文字改革和现实斗争联系起来加以考虑,对于中国字体变迁这一个问题,始终予以极大的关注。他曾写下《门外文谈》等一系列重要文章,从历史发展的角度来考察这一个问题,又从与群众日常生活息息相关,更从与思想文化战线的复杂斗争密切相连加以严肃认真的考虑。

任何民族的文字都是劳动人民创造的。从无到有,从少到多,从各种尝试到约定俗成,经过相当长的时间,逐渐孕育,随着社会生活的不断变化而发展起来的。从群众中来,到群众中去,把文字交给大众,这是鲁迅严肃认真思考的一个重要问题。他的一些意见,对于我们现在研究中国字体变迁问题,仍然有着重要的意义。

关于中国字体变迁的问题,在当时的学术界即引起了注意。其后,更引起众多的古文字学者及书法家的关心,纷起著书立说。古文字学家唐兰先生在1935年即编写了一部《古文字学导论》,作为北京大学的讲义,曾在学校内向青年学生讲授。我在做学生时,虽没有赶上听他讲课,却听到了原为"新月派"诗人,后成为文字学家的陈梦家先生的"中国文字学"课,罗常培(莘田)先生的音韵学和王力(了一)先生的训诂学课程。约在同时,高亨先生在国内高等学校任教时,为了帮助青年人阅读先秦古籍,对于古代汉字也从形、音、义几个方面,进行较为详细的讲解。他著有《文字形义学概论》一书,解放后于1963年由山东人民出版社出版。古文字学家、书法家启功先生的专著《古代字体论稿》(文物出版社1964年出版)更有系统也更加准确地向广大读者普及古代汉字形体方面的知识。梁东汉学长也在北京大学讲授文字学。他的讲稿《汉字的结构及其流变》，较有系统地论述汉字的结构、演变和发展规律。蒋善国先生的《汉字学》则更是继承并发展了前人的科研成果，系统地探讨汉字的起源和发展，以及发展规律等许多方面，并作出了很有价值的论述。以上两书都曾在上海教育出版社，于1959年和1987年分别出版。康殷先生的《古文字形发微》（北京出版社1990年出版）是专门考释古文字的形体的。徐中舒先生主编，由"汉语古文字字形表编写组"编写的《汉语古文字字形表》（1981年四川辞书出版社出版）更具体、更全面反映了汉字形体变迁。此外，在新中国成立后，特别是新时期以来，老中青众多的文字学家和书法家发表的创见就更多了，这一切都应该得到重视。

鲁迅计划中的《中国字体变迁史》，当时虽然没有成书，但他对于中国文字改革，特别是在汉字简化和汉语拼音等方面的论述，极力主张把形体复杂的汉字加以改革，使其普及到广大群众中去。这样的一些意见，都是非常宝贵的，以至于对中国文化史、中国文学史、中国艺术史等方面也都具有重要意义。至今仍值得我们重视，并应加以继承和发展的。

从《说文解字》说起

> 《说文解字》是第一部研究汉字的经典著作——"六书"为造字之本——汉字形体的不同名称从秦代开始——汉字不同形体在汉代基本定型

在鲁迅留给我们的许多文物当中,有两份值得特别珍视的手稿,这是他在1908年从章太炎先生学习汉代文字学家许慎《说文解字》时,亲笔记下的笔记。两份手稿,略有不同。一份现存绍兴鲁迅纪念馆,另一份由国家图书馆收藏,都是他听国学大师章太炎讲授《说文解字》时,亲笔记下的笔记,且又经过整理而成。

章太炎(名炳麟,太炎是他的别号)是清末一位很有影响的学者、思想家和革命家,当时正在日本东京进行推翻满清王朝的活动。他对于经学、史学、文字学等许多方面,都有很深的造诣,并且乐意把这些知识传授给青年人,因而被尊为"国学大师"。他曾经因为反清的"苏报案"在上海被捕入狱,出狱后即东渡日本,来到东京参加并领导同盟会的机关刊物《民报》

的工作，积极宣传民主革命。青年鲁迅自1906年从仙台医学专门学校退学以后，这时正在东京从事革命文学活动，和他的好友许寿裳等人，租屋住在本乡区西片町十番地乙字七号。西片町是当时日本著名的学者住宅区，离小石川的《民报》社不远。由于章太炎的女婿龚未生的介绍，鲁迅和他的好友许寿裳，以及后来成为文字学家的钱玄同、朱希祖等人，同往章太炎在神田的大成中学为青年人开设的"国学讲习会"听讲。许寿裳在《亡友鲁迅印象记》中曾经写道：

"章先生出狱以后，东渡日本，一面为《民报》撰文，一面为青年讲学，其讲学之地，是在大成中学里一间教室。我和鲁迅极愿往听，而苦与学课时间相冲突，因托龚未生（名宝铨）转达，希望另设一班，蒙先生慨然允许。地址就在先生的寓所——牛込区二丁目八番地《民报》社，每星期日清晨，我们前往受业，在一间陋室之内，师生环绕一张矮矮的小桌，席地而坐。先生讲段氏《说文解字》注，郝氏《尔雅义疏》等，神解聪察，精力过人，逐字讲释，滔滔不绝，或则阐明语原，或则推见本字，或则旁证以各处方言。自八时至正午，历四小时毫无休息，真所谓'诲人不倦'。"①

章太炎讲授《说文解字》的时间，约有半年，在《民报》社被封时，《说文解字》已讲授完毕。"听讲时，以逷先（朱希祖）笔记为最勤；谈天以玄同说话为最多，而且在席上爬来爬去。所

---

① 见《亡友鲁迅印象记》第24~25页《从章先生学》。

以鲁迅给玄同的绰号曰'爬来爬去'。"许寿裳又曾写下学习时的情况:"鲁迅听讲,极少发言,只有一次,因为章太炎问及文学的定义如何,鲁迅答道:'文学和学说不同,学说所以启人思,文学所以增人感。'先生听了说:这样分法虽较胜于前人,然仍有不当。郭璞的《江赋》,木华的《海赋》,何尝能动人哀乐?鲁迅默然不服,退而和我说:先生诠释文学,范围过于宽泛,把有句读和无句读的悉数归入文学。其实文字与文学固当有分别的,《江赋》、《海赋》之类,辞虽博奥,而其文学价值就很难说。这可见鲁迅治学'爱吾师尤爱真理'的态度!"[1]

章太炎讲授《说文解字》,他的见解有许多和许慎的原意是不同的;和清代文字学家段(玉裁)注也是不同的。他在课外时间,曾把讲学内容陆续写入《文始》、《新方言》、《小学答问》等书中。《新方言》当时由《民报》社出版。鲁迅曾购买一册,至今犹存在他的藏书之中。后来,他又曾购买《文始》、《小学答问》等书,分赠给友人。鲁迅对于《说文解字》的理解,有一些和许书原意是不同的,和段注及章太炎的解说也是不同的。不同之点,在这两份笔记中已经出现,后来在他的关于语言文字的著作中,更有较大的发展。

《说文解字》,许慎著。许慎字叔重,东汉汝南召陵(今河南漯河)人。他在东汉和帝永元十二年(公元100)至安帝建光元年(121)前后二十二年才写成这本书。在此书中,"六艺群书之诂皆训其意,而天地、鬼神、山川、草木、鸟兽、昆虫、杂物、奇怪、王制、礼仪、世间人事,莫不毕载。"[2]该书在汉

---

[1] 见同上。第26~27页。
[2] 见许慎之子许冲《上<说文解字表>》。

代出现以后，历代都有专家学者对它进行研究工作，并引以为据，分析字形、辨别字音、解释字义；到了清代乾嘉时期，蔚为大观。段（玉裁）、桂（馥）、王（筠）、朱（骏声）等人，都可称为大家，各有巨大成就。章太炎更是杰出的，他把《说文解字》以及对于许慎的研究提高到一个新的阶段。他在《论语言文字之学》中说："自许叔重（慎）创作《说文解字》，专以字形为主，而音韵训诂属之。……合此三者乃成语言文字之学。"他于是把原来作为经学附属的"小学"独立出来，成为一门新的学科——"语言文字之学"。此后人们通常即把研究汉字称为"文字学"，为古文字的形、音、义的变化发展开辟一条新的研究途径，在研究语言文字方面形成了各自的体系。

许慎的《说文解字》是我国语言文字学说史上承前启后的不朽名著。许慎在《说文解字·叙》中提出："盖文字者，经义之本，王政之始，前人所以垂后，后人所以识古。"明确表示他之所以著书立说是有其目的性的。其目的就是为着当时封建统治阶级所提倡的"五经"服务，同时也是为了解说从远古时代沿袭下来的各种不同类型的文字的字形。他对于"经义之本"、"王政之始"的解释，如对于天地、鬼神、王制、礼仪，……的解说，是不正确的；而对于山川、草木、鸟兽、昆虫……的解释，则是有其合理性的。为了达到他的政治目的和传播他的学术思想及其研究成果，在这部我国最早的以字形为主的著作中，在分析"字形"、解释"字义"、辨别"字音"等方面都发表了具体的意见，成为第一部研究汉字的经典著作。当然，由于时代的限制，他以"王政"、"经义"为本所作出的解释，是有其局限性的；特别是在汉代谶纬之学盛行时，按照当时纬书中阴阳的传说以解释文字，不可避免地也留下了一些糟粕。此外，由于当时他不可能见到在他之后大量出土的甲骨文、金文,因而在字形、字义的一些解释上,不免留下一些不正确的解释。但是,他在吸收前人已有的成果的基础上,又加以发展和创新,以当时通行的汉字为基础,根据汉字的形、音、义,创立了汉字发展史上第一座丰碑,其功绩是不可埋没的。

在《说文解字》中,许慎收集了"文"(单字)9353字,"重文"(异体字)1163字,共计10516字,按照字形分为540部。"分别部居",把每部第一个字作为部首;"据形系联",把所收的字归属于540部之内,按照小篆的基本偏旁,形成有系统的按偏旁排列的办法。他的解释并不完全准确,甚至还有若干错误,但却成为后来用部首检字法的开端。这是中国字体变迁史上的第一个创举。它系统地保存了籀文和小篆的形体。现在我们借此还可以辨认甲骨文和金文,对于研究甲骨卜辞、钟鼎款识,以及整理秦汉以来的简册帛书,都有很大的帮助。由此不仅可以说明汉字发展的历史,更可以证明汉字的发展规律。

《说文解字》中所收的字体,分为"古文"、"籀文"、"小篆"、"今文"、"俗字"等几个方面。所谓"古文",系指秦以前的古籍中的文字,以及当时出土的鼎彝铭文。所谓"籀文",《说文解字·叙》中说:"(周)宣王太史籀著大篆十五篇,与古文或异。"在《说文解字》中收入九篇。其他六篇在这之前已经亡佚。"小篆"是秦始皇统一六国之后,作为全国规范化的文字,用以表达语言,交流思想的工具。如《说文解字·叙》中所说:"秦始皇帝初兼天下,丞相李斯乃奏同之,罢其不与秦文合者。斯作《仓颉篇》,中车府令赵高作《爰历篇》,太史令胡毋敬作《博学篇》,皆取史籀大篆或颇省改,所谓'小篆'者也。"这就是说"小篆"是在"籀文"基础上出现的简体字。所谓"今文"和"俗字",都是指汉代的篆书及其讹体字或俗体字。《说文解字》以小篆为主,把古文、籀文定型,在统一定型的过程中把小篆规范化,也是汉字的第一次统一和定型。如果没有在汉代出现许慎及其《说文解字》一书,现在我们研究中国字体变迁史必将发生很大的困难,甚至无法进行。

许慎在《说文解字》中对于字义的解释,总体上都能做到既简明扼要说明事物的特点,又有助于上溯语源,辨明语言变化情况,弄清楚语言文字发展变化的规律。《说文解字·叙》中说:"仓颉之初作书,盖依类象形,故谓之文;其后形声相益,即谓之字。文者物象之本,字者言孳乳而浸多也。著于竹帛谓之书,书者如也。"这是说汉字从上古发展到秦代的两种不同情况。"依类象形",是描写外界事物的形象和状态;"形声相益",则是偏旁加上音符。这就是当时汉字发展的基本情况。从现存的《说文解字》的全书情况来看,"依类象形"的"文",约占百分之二十左右,"形声相益"的"字",约占百分之八十。许慎所说的"文者物象之本,字者言孳乳而浸多也"。这指明了"文"和"字"的关系,且又说明汉字的发展由图画到标音的过程。"依类象形"是描写外界事物的形象和状态,"形声相益"则是偏旁加音符,即由图画文字发展为标音文字。文字是书写记录语言的工具。文字连贯起来,成为"书","书者,如也"。用以交流表达思想感情。

许慎在《说文解字·叙》中,对于当时相传已久的"六书"说,曾加以明确的解释:"一曰'指事'。'指事'者,视而可识,察而见意,'上''下'是也。二曰'象形'。'象形'者,画成其物,随体诘诎,'日''月'是也。三曰'形声'。'形声'者,以事为名,取譬相成,'江''河'是也。四曰'会意'。'会意'者,比类合谊，以见指㧑，'武''信'是也。五曰'转注'。'转注者'，建类一首，同意相授，'考''老'是也。六曰'假借'。'假借'者，本无其字，依声托事，'令''长'是也。"他把前四者作为创造汉字的结构法则，后二者则是使用汉字的条例。他明确指出汉字的发展规律。这是许慎的一大贡献。他对于"象形"、"指事"、"形声"、"会意"的解释，后来的古文字学家没有提出更多的不同意见；而对于"转注"、"假借"，则因社会不断发展，新事物日渐增多，后来的古文字学家则歧说纷纭，提出了各种不同的看法。这些看法，在他们之间又曾出现过不同的争论。这已离开许慎的本意，与许书无关了。

《说文解字》一书，距离我们的时代已经很远了，但是，谈到汉字形体的变迁，汉字声音的变化，汉字意蕴的发展，仍是离不开它的。《说文解字·叙》中所说"秦书有八体"以及发展变化，在这本书中都有所论述。今天，我们研究中国字体变迁史，仍是离不开它的。

汉字各种不同形体的名称，是从秦代开始的。《史记·秦始皇本纪》记载，秦始皇统一天下之后，丞相李斯奏定："一法度衡石丈尺，车同轨，书同文字。""史官非秦纪皆烧之，非博士官所职，天下敢有藏诗书百家语者，悉诣守尉杂烧之。"许慎在《说文解字·叙》中说得更为详细一些：在秦始皇统一天下之前，当时分为七国，文字异形。"秦始皇帝初兼天下，丞相李斯乃奏同之，罢其不与秦文合者。斯作《仓颉篇》，中车府令赵高作《爰历篇》，太史令胡毋敬作《博学篇》，皆取史籀大篆，或颇省改，所谓小篆者也。是时秦烧经书，涤除旧典，大发吏卒，兴戍役，官狱职务繁，初有隶书；以趋约易，而古文由此绝矣。自尔秦书有八体：一曰大篆，二曰小篆，三曰刻符，四曰虫书，五曰摹

印，六曰署书，七曰殳书，八曰隶书。"这里所说"秦书八体"，实际上在当时发生影响的，是在四个方面，即：一、小篆以前的古体，即大篆；二、"书同文"以后的正体，即小篆；三、当时正在兴起"以趋约易"的俗体，即隶书；四、其他各种用途不同的字体。在这中间，秦代小篆作为"正体"，成为主流。在秦代歌功颂德的刻石上（如泰山刻石（图1））和诏书上（如秦始皇二十六年诏版），都是这一个形体的文字。而秦以前的篆书，于是就被称为大篆或称"籀文"，——当时相传这类字体

图1　泰山刻石

是从周宣王太史籀传下来的。也有人认为"太史籀"不是人名，"籀文"的名称是从《史籀篇》而来。不论《史籀篇》有无作者或作者是谁，把它作为我国历史上较早出现的文字，《说文解字》中所保留的约为225字。王国维在《史籀篇疏证序》中说："史篇文字，就其见于许书者观之，固有与殷周间古文同者，然其作法，大抵左右均一，稍涉繁复，象形象事之意少，而规旋矩折之意多。推其体势，实上承石鼓文，下启秦刻石，与篆文极近。"证以周秦以来的文物图录，王国维的意见是有道理的。

所谓"古文"，则是指秦代以前的文字。《说文解字·叙》中

说:"郡国亦往往于山川得鼎彝,其铭即前代古文,皆自相似。"《说文解字》中注明为"古文"的共有510字。《说文解字·叙》中说:"及宣王太史籀著大篆十五篇,与古文或异。至孔子书六经,左丘明述《春秋传》,皆以古文。"这里所说的"古文",其字体构造有的与籀文完全相同或差别不大,为秦以前的春秋战国时代的文字,则是可以肯定的。

古代文字流传到秦代,秦人依据《史籀篇》,"或颇省改",于是便成为秦代的正体字,即小篆,而把《史籀篇》称为大篆。于是小篆便成为来自西土的秦国正体字——法定的通行字体。在秦代更为通行的隶书兴起以后,到了汉代,于是小篆又成为古体字,隶书便成秦代及其以后的通行字体。《说文解字·叙》中所说:"秦书有八体,……八曰隶书。"又说:在汉代的"六书"中,"四曰左书,即秦隶书"。据清代文字学家段玉裁的解释:"左"即"佐","其法便捷,可以佐助篆所不逮"。就是说隶书的字体写起来,比篆字更为方便。《汉书·艺文志》说:"是时始造隶书矣,起于官狱多事,苟趋省易,施之于徒隶也。"许慎在《说文解字·叙》中也说:"是时秦烧灭诗书,涤除旧典,大发吏卒,兴役戍,官狱职务繁,初有隶书,以趋约易。"许慎在东汉时所著《说文解字》一书中,总结前人研究成果,对于汉字的形体变迁,形、音、义的发生、发展及变化,都作了简明扼要的论述,为我们留下了宝贵的文化遗产,为我们研究中国字体变迁史打下了牢固的基础。而在许书之后,特别是近代甲骨文、金文不断出现,更使我们进一步理解汉字形体变迁的情况。很可惜,国学大师章太炎是不太注重这一情况的。因此,在他的一系列著作中,对于《说文解字》虽然有继承,有发展,但也存在很大的局限性。而鲁迅和章太炎是不同的,对于中国字体变迁的研究，在他留给我们的至今仍有生命力的文化遗产中，却超越了他的老师章太炎，向前迈出了巨大的步伐，至今仍有现实意义。

中国字体的发展变化到了东汉许慎时代，基本上已经定型了。现在可以看到保存小篆最多的字书是《说文解字》；保存"古文"、"籀文"最多的字书，也是《说文解字》。小篆上溯甲骨文、金文，下开隶书、真书，是汉字第一次统一和定型。我们可以说：中国字体变迁到了汉代已经基本定型了。《说文解字》既给我们保存了汉代的全部小篆，又保存了"古文"和"籀文"的字体。我们借此可以辨认更古老的文字——甲骨文和金文，因此，它是现在整理、注释现存的古籍、古代文献的必备的工具书。在《说文解字》中，一字往往又有许多繁简不同的字体，称为"重文"或"或体"的，这就是当时的异体字。从现在通行的字体来看，通行的不是繁体而是简体。这对于我们现在的文字改革工作也是大有启发和直接帮助的。鲁迅比他的老师章太炎前进了一大步，这就是他除了对于传统的《说文解字》曾经加以研究之外，更切实也更广泛地对于汉字的形成和发展进行深入的研究工作，特别是对于汉字改革，更发表了许多创造性的意见。他计划中的《中国字体变迁史》虽未成书，但他的许多宝贵的意见，仍是值得重视，应该继承并发展的。

"字是什么人造的？"

上古结绳而治——刻契是结绳的继续——图画则更进一步——文字画是象形字的原始状态

"字是什么人造的？"鲁迅在《门外文谈》中提出了这一个问题。这是中国字体变迁史上第一个重要的问题，也可以说是根本的问题。

关于汉字的形体构造，在我国历史上，曾经有一个相传已久的说法：字是某一个人创造的。许慎在《说文解字·叙》中说："黄帝之史仓颉，知鸟兽蹄迒之迹，知分理之可相别异也，初造书契。"在许慎之前，《韩非子·五蠹篇》也说："古者仓颉之作书也，自环谓之私，背私谓之公。"《吕氏春秋·君守篇》也说："苍（仓）颉作书。"

鲁迅并不相信这一些说法。他说："然而做《易经》的人（我不知道是谁），却比较的聪明，他说：'上古结绳而治，后世圣人易之以书契。'他不说仓颉，只说'后世圣人'，不说创造，只说掉换，真是谨慎得很；也许他无意中就不相信古代会有一个独自造出许多文字来的人了,所以就只是这么含含糊糊的来一句。"①

鲁迅更反对把仓颉说成一个怪人,由怪人来造字的说法。他对于汉代纬书《春秋孔演图》上所说:"仓颉四目,是谓并明。"在《门外文谈》中,又曾加以嘲笑说:"可见要造文字,相貌先得出奇,我们这种两只眼睛的人,是不但本领不够,连相貌也不配的。"②

鲁迅认为汉字也和世界上其他的古代文字同样,是由书契之前的结绳而来的。他说:"原始社会里,大约先前只有巫,待到渐次进化,事情繁复了,有些事情,如祭祀、狩猎、战争……之类,渐有记住的必要,巫就只好在他那本职的'降神'之外,一面也想法子来记事,这就是'史'的开头。况且'升中于天',他在本职上,也将记载酋长和他的治下的大事的册子,烧给上帝看,因此一样的要做文章——虽然这大约是后起的事。再后来职掌分得更清楚了,于是就有专门记事的史官。文字就是史官必要的工具,古人说:'仓颉,黄帝史。'第一句未可信,但指出了史和文字的关系,却是很有意思的。"③

人类社会的发展,在氏族社会阶段时,文字还没有产生,只有靠语言作为交流思想的工具。但语言是有局限性的,不能传达到远处,更不能流传到后世。结绳于是便成为最初的也是最适合的办法了。关于结绳的情况,《易·系辞下》曾说:"上古结绳而治,后世圣人易之以书契。"《庄子·胠箧篇》则说:"昔者容成氏、大庭氏、伯皇氏、中央氏、栗陆氏、骊畜氏、轩辕

---

① 见《鲁迅全集》第6卷第85~86页。
② 见《鲁迅全集》第6卷第85页。
③ 见同上。

氏、赫胥氏、尊卢氏、祝融氏、伏牺氏、神农氏，当是时也，民结绳而用之。"认为这十二个古代氏族都是使用结绳方法纪事的。神农氏是十二氏族中的最后一个时代，也是黄帝轩辕氏之前的一个有文字可考的时代。于此可见在文字出现之前使用结绳的办法是可信的。《周易正义》所引《虞郑九家义》也说："古者无文字，其有约誓之事，事大大结其绳，事小小结其绳，结之多少，随物众寡；各执以相考，亦足以相治也。"此外，《易·系辞下》郑玄注也说："事大大结其绳，事小小结其绳。"这都是关于结绳纪事的记载。其后在我国境内，在历史上的少数民族中间，也存在过结绳记事的办法；在现代少数民族中间，用结绳记事也是一种旧习。

　　结绳之后出现了刻契。作为帮助记忆以及作为契约用的刻契，比结绳前进了一步。刘熙《释名·释书契》："契，刻也，刻识其数也。"早在《列子·说符篇》："宋人有游于道，得人遗契者，归而藏之，密数其齿。告邻人曰：吾富可待矣。"已有刻契的记载。"齿"，就是契刻上的齿痕。在我国境内，在历史上的少数民族中间，自宋代以来，苗族、瑶族有关刻契的记载甚多；清代海南岛的黎族长期使用刻契，直到解放之前。现在的云南省博物馆仍保存彝族、景颇族、佤族、拉祜族、哈尼族……等少数民族的刻契。

　　图画大约是与刻契同时发生的。古代传说，作图始于史皇，史皇为黄帝之史。《吕氏春秋·勿躬篇》："史皇作图。"《世本·作篇》宋衷注："史皇，黄帝臣也。图谓画物象也。"古代传说夏代所铸的九鼎上，呈现多种神怪图物。《左传》宣公三年记载："昔夏之方有德也，远方图物，贡金九牧，铸鼎象物，百物而为之备，使民知神奸。故民入川泽山林，不逢不若，螭魅罔两，莫能逢之。用能协于上下，以承天休。"《吕氏春秋·先识篇》也说："周鼎着饕餮，有首无身，食人未咽，害及其身。"现存的周鼎上也往往刻有奇形怪物。为《楚辞·天问》作《序》的王逸说："《天问》者，屈原之所作也。屈原放逐，彷徨山泽，见楚有先王之庙，及公卿祠堂，图画天地山川神灵，琦玮僪佹，及古贤圣怪物行事，因书其壁，向问之以渫愤懑。"屈原《天问》中所说的怪人怪物，就是他见到的当时楚国宗庙祠堂的图画。

  结绳、刻契、图画进一步的发展，就是较为明显地表达古代人思想感情的文字画了。文字画是远古时代的人们表达思想感情的又一种方法。它和后来供人们欣赏的图画不同。它只有帮助人们记忆和表达思想感情的作用，是"记事画"或"表意画"，而不是艺术作品，有的文字学家称之为图画文字。我国现存的众多文字画，在过去没有引起人们的注意，但它们是存在的。全国解放后，1956年，广西壮族自治区宁明县曾经发现花山壁画，刻绘在高达二百五十米的崖壁上，画面高四十余米，宽一百三十余米，人物形象有一千三百多个，人像最大的高三米，最小的高零点三米。1962年，广西壮族自治区曾经组织花山壁画考察团，沿左江和明江两岸，在宁明、龙津、崇左、扶绥等县进行考察，又发现了四十二处崖壁画。此外，大致与此同时，在新疆维吾尔自治区皮山县、霍城县、额敏县……等处都曾发现古代崖壁画。1965年，云南省在沧源等地也发现了古代崖壁画。作为象形文字的前身，这一些崖壁画都是与文字发展的历史大有关系的。文字画向前发展就成为象形文字了。

  在文字画演变为象形文字的过程中，有些文字画逐渐变为象征的符号；形体并不像一般实物那样完整，而是富于象征性的，成为描写主要特征的符号。许多抽象的意思要用转弯抹角的方法表现出来,那就除了"象形"之外,就势必用"指事"、"会意"、"假借"、"形声"的办法。文字画不仅给象形文字准备了条件,提供了造字的方法,它更是象形文字的来源,象形文字的前身。

我国象形文字的形成和发展经过很长的时间。"象形字"、"指事字"、"会意字"、"形声字"都是有其发展过程的。从汉字的形体变迁来看,甲骨文和金文也多存在文字画、象形文字的原貌,这是符合历史发展实际情况的。

"写字就是画画"

"仓颉造字说"不符合历史情况——"六书"是在渐进的实践过程中产生的——"书画同源"

汉字是我国古代劳动人民在不同地区、不同时代创造的。"仓颉造字说"不符合文字创造发展的实际情况。已经出土的甲骨文里没有"仓颉"二字,在金文里也没"仓颉"二字,没有他的姓名。文字是无名氏创造的,是集体而不是某一个人。文字从来也不为集体中的某一个人所掌握。如鲁迅所说,最初文字多掌握在"巫"和"史"的手中。古代传说,黄帝是神农氏以后的一个上古帝王。神农氏时代已经出现了结绳,按照发展规律,黄帝时代的文字画即可能与结绳、刻契先后或同时发生;象形文字即由此形成,如鲁迅在《门外文谈》中说:"写字就是画画"。

据有关确切记载可考的,早在新石器时代,我国就有了简单的文字符号,在西安半坡村遗址出土的仰韶文化的文物上,就有文字标本二三十种。半坡村出土的彩陶上的刻划符号和殷墟铜器铭文上刻划相类似，距今约有六千多年。这证明我国开始有文字的时期已有六千多年了。

《周礼·保氏》和《说文解字》都说构成文字的办法有六种，即"象形"、"指事"、"会意"、"形声"、"假借"、"转注"。"近取诸身,远取诸物。"这就是构成作为表意文字的汉字的基本特点。"这就是画一只眼睛是'目'，画一个圆圈，放几条毫光是'日'，那自然很明白，便当的。但有时要碰壁，譬如要画刀口，怎么办呢？不画刀背，也显不出刀口来，这时就只好别出心裁，在刀口上加一条短棍，算是指明'这个地方'的意思，造了'刃'。"对于无形可象的字，鲁迅说："于是只得来'象意'，也叫做'会意'。一只手放在树上是'采'，一颗心放在屋子和饭碗之间是'寷'，有吃有住，安寷了。但写'宁可'的'宁'，却又在碗下放一条线，表明这不过是用了'寷'的声音的意思。'会意'比'象形'更麻烦，它至少要画两件。如'寶'字，则要画一个屋顶,一串玉，一个缶，一个贝，计四样。我看'缶'字还是杵臼两形合成的，那么一共有五样。单单为了'寶'这一个字，就很要破费些工夫。"可是有些事物是画不出来的。"打开这僵局的是'谐声'，意义和形象离开了关系。……然而那基础也还是画画儿。例如'菜，从艸，采声。'画一棵草，一个爪，一株树：三样。……总之，如果要写字，就非永远画不成。"[①]

在《说文解字》成书之时，中国字体变迁史已经发生了很大的变化。与小篆同时或稍后出现了隶书，并且得到了推广，在应用上很方便；由隶书演变而为真书，这就是顺理成章的事了。隶书的出现在中国字体变迁史上是一个巨大的转折点。隶书以

[①] 见《鲁迅全集》第6卷第88～89页

前的古文形体，经过小篆和隶书，转化成为真书；隶变以后的真书，对于我们的日常生活更为便利，更有现实的使用价值。最早的汉字大都是"因形见义"的形声字，隶变却把原来的作为象形的线条，变为不能表示任何形象的点（丶）、横（一）、撇（丿）、直（丨）、捺（㇏）、钩（亅）等笔画。这些笔画只是一种毫无意义的符号，于是形声字的形符不象形了，声符不谐声了。如鲁迅所说，这时的汉字就成为"并不象形的象形字，未必一定谐声的谐声字"，不能"因形见义"了。这是一个重大的变化。但是"书画同源"，仍为一些文字学家或书法家的共识。汉字的形体最初即是从画画演变而来的。写字和画画在最初是分不开的，本来就是一回事。后来"书"、"画"分开了，然而从审美的角度来看，尤其是把汉字（不论真、草、隶、篆）作为书法艺术来欣赏、研讨，以至于作为美学的最高目标来追求、来实践，在实践中又不断发展变化，这就成为中国字体变迁史上、美术史上或书法史上，一个带有普遍性的问题。

再从"钞古碑"说起

  从古碑看中国字体变迁——由殷墟卜辞、周金文存看字体变迁的源流

  鲁迅对于中国字体变迁的研究工作,继《说文解字》之后,在他的漫长的"钞古碑"的生活中,更为深入细致,更有新的发展。
  鲁迅是在1933年提出要编写一部《中国字体变迁史》的,而在实际上,他早已为此着手做了许多准备工作。这些工作的成果,可以说即是字体变迁史的"长编"。他在《呐喊·自序》中,曾经写道:

  "S会馆里有三间屋,相传是往昔曾在院子里的槐树上缢死一个女人的,现在槐树已经高不可攀了,而这屋还没有人住;许多年,我便寓在这屋里钞古碑。客中少有人来,古碑中也遇不到什么问题和主义,而我的生命却居然暗暗的消去了,这也是我惟一的愿望。"[1]

---

[1] 见《鲁迅全集》第1卷第418页

这是大家都已熟知的鲁迅对于曾经居住绍兴会馆时的生活情况的描写。关于这一段会馆生活中的"钞古碑"工作，他在这篇《呐喊·自序》中是从当时社会环境和情绪低落方面来说的。而在事实上，从这时起他所钞的"古碑"来看，对于他后来的中国字体变迁的研究工作，实际上却起着"长编"的重要作用。不仅如此，他在"钞古碑"时，在"古碑"中也涉及到不见于经传的中国古代社会生活情况，人物或事件，以及对于封建礼教习俗等诸多方面的理解，为他的文学创作也提供了依据，甚至可以视为中国社会史、中国艺术史的"长编"。

据《鲁迅日记》记载，他来到北京，从1912年5月5日在山会邑馆（即绍兴会馆）居住下来之后不久，即开始前往距离这里不远的琉璃厂（《日记》中多写作留黎厂，又称厂甸），"历观古书肆"，寻访古碑的工作。绍兴会馆在宣武门外南半截胡同内，鲁迅自1912年5月入居以后，直至1919年11月迁往西直门内八道湾住宅为止，约有八年时间；都居住在这里。他所在的工作单位教育部的地址是在西单南大街，距离琉璃厂也不远。琉璃厂在和平门外的西河沿，是当时销售古籍和碑帖的商业地区，从清朝乾隆年间开始，即成为古籍、碑帖、古代文物集散之地。

在"钞古碑"期间，鲁迅对于《说文解字》虽仍继续关注，曾经陆续购买了《说文释例》、《说文校议》、《说文段注订补》、《说文解字系传》、《说文系传校录》、《说文句读》……等书，但他的研究工作的重点，则是在于"钞古碑"方面。

自1912年5月至1926年8月，鲁迅在北京工作和居住期间，经常前往琉璃厂的广文斋、观古斋、本立堂、荣宝斋、保古斋、宝华堂、敦古谊、清秘阁、式古斋、富华阁、宜古斋、震古斋、访古斋、德古斋、同古堂、庆云堂、松云阁等众多古旧书店，可以说走遍了所有的古旧书店，购买碑帖、造象、墓志、画象、瓦当等拓片，以及土偶、土俑、古泉（钱）、古竟（镜）、古矢镞等古代文物。据《鲁迅日记》记载，先后约有三百多次。有时独往，有时与友人结伴同往，最多的时候，甚至一周时间之内，连去几次。虽是在创作小说、杂文很忙，或是在几处学校教书，以及与别人论战的时候，都没有停止过，只是去的次数较少一些。因为他去的次数多了，于是和销售碑帖的商店熟识起来，有时"帖贾"便把碑帖送

图 2　谷朗碑

上门来，由他挑选；有时他也把重复购买的与他们交换；破损的则请他们修补或重新装表。1926年鲁迅离开北京时，对于这些碑帖，曾经加以挑选，装入一个大柳条箱内，带到上海，又由上海带到厦门，又由厦门带到广州，后又由广州带到上海。①

　　国家图书馆现在收藏的鲁迅钞录的古碑，除了极少数是在上海定居之后，1934年，请台静农、王冶秋委托山东嘉祥、河南南阳等地代为购买的汉画象之外，这些碑帖都是在北京收购和钞录的。在这时他的《日记》中，时常留下"录碑"、"夜独坐录碑"、"夜校碑"的记载。据不完全统计，约有4200余种，5900多页。其中汉碑195页、魏碑36页、吴碑（参见图2）14页、

---

① 1951年，鲁迅著作编刊社在上海成立，许广平同志把它交给了我。为防当时敌机轰炸，我请方行同志把这一只装着碑帖的大柳条箱和瞿秋白手稿、方志敏手稿一同存入金城银行（当时尚未公私合营）外滩保险箱内。鲁迅著作编刊社迁到北京后，鲁迅博物馆成立时，我又亲手把它交给鲁迅博物馆。

蜀碑2页、前秦碑3页、晋碑（参见图3、4）28页、宋碑5页、梁碑45页、北魏碑（参见图5、6、7）69页、东魏碑82页、北齐碑87页、北周碑14页、隋碑（参见图8）85页、朝代待考的

图3 爨宝子碑

图4 爨龙颜碑

图5 张猛龙碑

图6 郑文公碑

图7 石门铭

图8 龙藏寺碑

图 9　始平公造像　　　图 10　杨大眼造像　　　图 11　张玄墓志

39页。造象：后秦1页、宋1页、南齐2页、梁1页、北魏（参见图9、10）105页、西魏31页、东魏114页、北齐171页、北周37页、隋115页、朝代待考的26页。墓志：晋8页、后秦2页、宋5页、齐1页、郑5页、北魏（参见图11）111页、东魏89页、北齐66页、北周10页、隋106页、朝代待考的3页。他又把这些碑录，分别编为：《汉画象目录》（35页）、《六朝造象目录》（192页）、《六朝墓志目录》（35页）、《唐造象目录》（110页）等多种。此外，他又曾手摹金文（437页）、《秦汉瓦当文字》（342页）多种，现在也都珍藏在国家图书馆。

鲁迅在开始对碑帖拓片、出土文物进行研究工作时，曾经在《大云寺弥勒重阁碑校记》（1915年），在《<会稽禹庙窆石>考》（1917年）、《<囗胅墓志>考》（1917年）、《<郑季宣残碑>考》（1917年）、《<吕超墓志铭>跋》（1918年）、《吕超墓出土吴郡郑蔓镜考》（1918年）等释文中，①对于当时出土的这一些文物，进行详细的

---

①以上各篇，多数原无标题，现在的标题为《鲁迅全集》编者所加。据手稿录出，收入《鲁迅全集》第8卷《集外集拾遗补编》。

考释。他在《汉石存目》、《六朝造象目录》、《唐造象目录》、《六朝墓志目录》、《六朝墓名目录》等手稿中，较为详细地记录了自汉至唐的碑刻、造象、墓志等金石文字发展情况。鲁迅在1924年还编成一本《俟堂专文杂集》，分五册收入古砖拓片189种。这一些校勘考释工作，实事求是，言必有据，对于我们现在整理古代文物的工作，在方法论上仍是具有参考价值的。①

鲁迅在整理考释古代文物工作中，对于清代的著名学者、金石考古专家杨守敬、王昶等人以及其他学者的校录、整理的成果，也曾借鉴，有时还纠正了其中某些谬误之处。杨守敬（1839——1915）的《寰宇贞石图》，全书收入拓本232种，编入周、秦、汉、魏、隋、唐，以及朝鲜的碑碣、墓志、造象的拓本，并有编目和细目。在目录中注明该石的年代和出处，是一部研究金石文字的重要著作。鲁迅对于该书曾经加以较为详细的整理和补正工作。王昶（1724——1806）的《金石萃编》更是一部清代著名的在金石文字方面有巨大影响的著作。全书计160卷，装订为50册，收入历代碑刻自秦至辽、金，共计1500余件。1915年4月，鲁迅从小市购得该书残本，即开始修订工作，后又购得完整的一部，作为研究金石拓片的重要参考书。该书以石刻为主，按年代编排，每件石刻标题之下，注明其形制、尺寸、所在地址，然后将碑文录出。在清代及其以后的金石研究方面，曾经起到过重大作用，因此引起众多的学者关注。对于这一部著作，鲁迅也很重视，不仅指出其中的差误之处，有时还指出某

---

①在上个世纪60年代初，我曾和鲁迅博物馆的许羡苏、矫庸同志准备对于这些碑帖进行初步研究工作，但开始不久即停了下来。其后，叶淑穗、杨燕丽同志继续进行研究。其成果见《从鲁迅遗物认识鲁迅》（中国人民大学出版社1999年出版）一书中。请参看。

一些研究者在研究《金石萃编》时所发生的差误。鲁迅在考证中所加的"按语"、"校记"、"批语",不但是详细的,而且是确当的。鲁迅对于该书非常重视,在全书的第一册上盖有"会稽周氏藏本"的印记,现由北京鲁迅博物馆保存。

  鲁迅从"钞古碑"开始,进一步又把这件工作与全部金石文字联系起来进行研究。他在搜集大量碑帖拓片的同时,又把中国字体变迁作为一个整体进行研究。这时他在琉璃厂又购入《殷墟卜辞》、《殷墟书契精华》、《甲骨契文拓本》、《周金文存》、《金文编》、《殷商贞卜文字考》、

图12 石鼓文

《金石契》(附《石鼓文(见图12)释存》)、《石鼓文音释》等书。1927年,他定居上海以后,创造社作家李一氓曾经赠送他一部郭沫若所著《甲骨文字研究》。他又购买了《铁云藏龟》、《两周金文辞大系》、《两周金文辞大系图录》、《商周金文拾遗》、《殷周青铜器铭文研究》、《卜辞通纂》等书,进行更为细致的研究工作。这样看来,他当时考虑把工作目标之一放在寻求中国字体如何变迁方面,想到如何编写一部《中国字体变迁史》,就是很自然的事情了。

"六书"——"造字之本"

"六书",创造汉字的基本方法——同时也是认字和用字的条例——长期以来众人智慧的结晶

中国文字源远流长,从商代甲骨文算起,至今已有三千多年的历史。最初的文字,当在商代以前,即夏代或更早于夏代,距今五六千年以上的新石器时代,那时可能即产生了古代文字。我们现在所说的中国文字,主要指的是汉字。在我国历史上,除了汉族以外,还有其他兄弟民族,也创造了各自的文字,如西夏文、契丹文、女真文,他们的文字和汉字是不同的("辽太祖神册五年,增损隶书之半,制契丹大字;金太祖命完颜希尹依仿楷书,因契丹字合本国语为国书;西夏李元昊命野利仁荣演书,成十二卷,体类八分。此则本原于形,非自然而变者"[①])。

中国字体变迁史,主要是说汉字由篆而隶而真发展变化的历史。

---

① 见康有为:《广艺舟双楫·原书第一》。

"六书"是自古以来自然形成的造字方法（同时也可以说是识字和用字的条例），最初见于《周礼》。《周礼·地官》："保氏掌养国子，教之六义，……五曰六书。"《汉书·艺文志》："周官保氏掌养国子，教之六书，谓象形、象事、象意、象声、转注、假借，造字之本也。"许慎在《说文解字·叙》中，说得就更具体了："《周礼》，八岁入小学，保氏教国子以六书，一曰指事，二曰象形，三曰形声，四曰会意，五曰转注，六曰假借。"这之后，历代学者对"六书"理解虽有不同，排列先后次序亦异，但大都是承认这样说法的。自汉代以来，"六书"在汉字形体发展变化过程中所起的作用是巨大的，至今仍起着一定的作用。

汉字在其发展变化过程中，曾经出现过若干复杂的现象，这是其他文字所没有的。汉字的兴起，先有独体，后有合体。独体字早于合体字。象形字出现最早，指事字次之，指事字是取一个象形字，或加笔画或减笔画而成。会意字是合并二字或二字以上之字而成，更晚于象形字。指事字仅有一个字义；会意字则兼取二字之意；会意字的形成，当在指事字之后。形声字则是合并二字而成，一取其声，一取其意。形声字的出现则又在会意字之后。象形、指事、会意、形声，这就是汉字形体构造的基本方法。转注是二字同一个偏旁互训。假借则是用此字以表他字之意。转注字出现较早，假借字出现在后。这就是形成"六书"的先后次序。因此，也就形成了一字多形、多音、多义；且又多字同形、同音、同义。形、音、义存在着错综复杂的关系，这是汉字不同于其他文字的特点。

一字多形，叫做异体字。一字多音，叫做多音字。一字多义叫做多义字。多音字、多形字、多义字，在一篇文章中（尤其是古文）往往同时出现，这种现象在拼音文字中是没有的。就汉字的发展情况来看，异体字，是今体字对古体字来说的。例如，小篆对甲骨文、金文是异体字；隶书、真书对小篆也是异体字。一字虽同音、同义而字形往往是不同的。小篆和甲骨文、金文的形体不同，隶书、真书和小篆的形体不同。汉字在每个发展阶段，都会出现同音同义，而形状不同的异体字，小篆、隶书、真书也都各有异体字。

表意的汉字本来是以形为主的，随着形体的演变，出现了不同的字形，这是正常的情况。《说文解字》中所收的"重文"、"或体"、"俗体"，都是异体字。异体字在汉字形体演变过程中，曾经起到过一定的简化作用。隶书由简约的篆书逐渐发展而成。秦代开始有了与篆书接近的隶书，隶书早已在民间使用，汉代则更为流行。这之后，异体字减少了，繁体字改为简体字，异体字更减少，于是真书开始流行。

小篆演变为隶书，用隶书的笔画来写小篆或古文、大篆的形体。在此过程中，对于汉字的形体变化影响更大，真书因而形成。真书出现以后，对于隶书的结构又有变化，在社会上更为流行。一个字具有多种形体，且有多种写法是不必要的，如加以简化，便可减轻学习上的负担，于是异体字逐渐减少，简化字日渐增多。

异体字是在汉字发展过程中形成的，也是汉字的表意性质决定的。随着汉字的改革，异体字必将减少以至于消失。汉字改革的目标之一，就是要精减汉字的字数，减少异体字。

汉代流传下来的"六书"，许慎在《说文解字》中曾加以解说。他认为：前四者象形、指事、会意、形声，是造字的方法；后二者转注、假借则是用字的条例，情况是不同的。这也是汉代其他学者根据古文、小篆的构造归纳出来的造字方法、识字和用字的条例。汉代以后出现的隶书和真书就不能用此以说明造字、识字和用字的情况了。

象形字,是描写客观事物的形象的。按照客观事物形状的线条,画成和它相似的图形以表达语意。所象之形,必须有物,如无实物,那是不可能虚构的。按《说文解字·叙》所说:"画成其物",即是依某物之形,画成某物之状。"随体诘诎",则是随物体之形,用曲折的笔画来表示某物之状。物体曲,笔画随之而曲;物体直,则笔画随之而直。所以最初都为独体字,例如,"女"字,甲骨文、金文都作妇女交手曲膝之形。这表明当时的妇女已处于奴隶的地位。"臣"字,甲骨文、金文,也作屈服之形,像一个人坐而俯首之状。"耳"字、"目"字,金文画作人的耳朵和眼睛;"爪"字,则像人的指爪。"燕"字,更像燕形。"鹿"字,甲骨文、金文也像头角四足之形。"牛"、"羊"、"马"、"犬",金文都作象形。"象"字,甲骨文更像头、身、足、尾之形。"龟"字,甲骨文、金文都作龟形。"雨"字,水从云下也,甲骨文、金文像天上有云,雨水下落之形。"云"字,则像云层,或像云卷之形。"山"字,金文则说"有石而高"。"水"字,甲骨文、金文,都像众水并流。……等等。

象形字所描画的实物是有限的,所能创造的字也是有限的。社会生活不断发展,各种事物头绪纷繁,使它受到了很大的限制。据清代文字学家王筠统计,《说文解字》所收9353字中,象形字不过264字。

指事字所指的事物,和象形字所描画的具体事物是不同的。它是用符号指明某种事物的特点,以符号为主,有独体的,也是合体的。《说文解字·叙》中所说:"视而可见",是说看到这个字形就可以认识它的形体构造;"察而见意",则是说仔细看来才能知道它的意义。这就比象形字复杂一些。例如，"刃"字，在刀口上须加一画，指出刀刃之处。"本"字，是在"木"字之下加一画，以示根本。"末"字，则在"木"字之上加一画，以示末梢。指事字在《说文解字》中是最少的，只有129字。

会意字是由象形字发展而成的。《说文解字·叙》中说："比类合谊，以见指㧑。"是说会意字是由两个字合成一个字，创造一个新的字义。象形字是纯象形的，指事字则是在象形字的基础上表示抽象的事物。会意字是合体字，是运用象形字和指事字组合而成的。用两个或两个以上的字合成一个新的概念，创造更多的抽象概念，表示一个词的意义。其后，如用两个或两个以上的字合在一起，表示新的意义，便成新的合体字，起到象形方法和指事方法不能起到的作用，这是会意字在造字方法上的进展。这是造字方法的一大进步。例如："众"字，从三人，《国语·周语》："人三为众"。"羴"字，羊臭也。从三羊。"林"字，平地有丛木曰"林"，从木。"森"字，从三木，木多貌。"明"字，从"日"、从"月"，日月照也。《说文解字》中，会意字较多，约有1254字。

会意字在汉字形体发展变化过程中，虽有很大的进步，但是，社会生活是复杂的，事物变化是多样的，要想把复杂的意义都表现在会意字里，是不可能的。即使在造字之初，表意是完整的正确的，但由于社会的发展，人们的认识不断变化，由于各人的理解不同，也有可能从原来的会意字的原意，发生不同的理解。例如，《说文解字·叙》中提到的"信"字，说是"人言为信"。在汉代可能如此，但是后来就不一定是这样的。"人言"，也可能有说谎的，或其他含意，不可能都是原来的"信"的含意。许多会意字，由于时代变迁，变化就更大了。

形声字是用一个事物和一种声音表示一个字的意义的。即《说文解字·叙》中所说："以事为名，取譬相成。"就是说一个形声字是由两字合成，取此一字之形与彼一字之声，造成一个新字。形声字的出现，更是汉字形体变迁中的一大变革，一大进步，由表意兼标音，向标音大为发展。一个形声字大都用一个义符和一个声符组成。最初的一个独体的形声字，义符和声符是有分别的。人们既可因形见义，又可因形知音。而在隶书形成之后，象形字就不象形了，义符只是字的标志；声符则是音的标准。人们只有根据义符来解释字义，根据声符来读音。在中国字体变迁中，隶书起了重要的作用。隶书以前的汉字是象形文字兼表意文字，而在出现了隶书以后，汉字即成为表意兼标音文字。于是形声字的义符把汉字由象形变为表意的同时，又把汉字变为标音的了。于是形声字把汉字变为表意和标音的形式，成为一种表意兼标音的文字。既不是单纯地利用形体结构来表意，也不是单纯标音的方法，而是把表意和标音两种音素，作为汉字的基础，改变了汉字的性质。于是象形字成为"不象形的象形字"，声音也改变了，成为"不谐声的谐声字"。据统计，在《说文解字》中，形声字是最多的，约有7701字。

转注字，是指偏旁相同，字义相同的两个字的关系。如《说文解字·叙》中所说："建类一首，同意相受，"就是指两字之意相同，此字可以接受彼字之意，彼字也可接受此字之意，形成互训，因此形成了一个多义字。

假借字，是指借此字之形，以作他字之用。《说文解字·叙》中所说："本无其字，依声托事。"即是借此字之声以作他字字义之用，这两个字原来是互不相关的。这样一来，造字就更方便了。

"六书",造字的方法,识字、用字的条例,名称虽始见于《周礼》,但这样的种种办法则是在汉字形成过程中,经众人之手,自然形成的,而且又辗转相传甚久,并取得共识的。

汉字形体变迁的基本规律

汉字演变的总趋势是简化——隶书是汉字形体变迁的转折点——形声字是汉字的基本形式

不论哪一种体系的文字，总是有其一定的形体的；没有形体的文字是不存在的；而其形体总是要经常发生变化的，不发生变化的字体是没有的。我国历代的文字学家早已认识到了这一个特点，大约自汉代开始，他们在各式各样的著作中，从多方面来论述这一个问题。近代学者康有为在《广艺舟双楫·原书第一》中，论及中国文字变迁时，也曾指出："文字之始，莫不生于象形。物有无形者，不能穷也，故以指事继之；理有凭虚，无事可指者，以会意尽之。若谐声、假借，其后起者也；……以人之灵，而创为文字，则不独一创已也，则必数变焉。"他又指出：天竺（印度）、阿拉伯、犹太、叙利亚、巴比伦、埃及等国古代文字也有变迁。"夫变之道有二，不独出于人心之不容已也，亦出人情之竞趋简易焉。繁难者，人所共畏也；简易者，人所共喜也。去其所畏，导其所喜，握其权便，人之趋之，若决川于堰水之坡,沛然下行,莫不从之矣。"(见同上)汉字形体的变迁也有其基本规律,由甲骨文和金文形成为篆书,其后由篆书便向隶书发展,继由隶书向真书发展,进一步又向简化字发展。汉字形体总体的演变趋势是简化,这是一个不可逆转的趋势。

汉字是和世界上其他任何民族的文字都不相同的文字。它有自己的发展历史,它的形体也有独特的变化及其发展规律。

汉字是记录汉语的符号,一种音节文字,一个字代表语言里的一个音节。汉字是以单音节音素为主的,每一个字都有一定的字音和字义。一个字可能即是一个具有完整意义的单音词,也有可能是复音词中的一个音素。最初的汉字完全是象形的,用绘画来表示语意,后来由图画发展为象形字。以后又以简单的象形字为基础向表意、和一半表意一半标音的方向发展,而以一半表意一半标音的形式为主。人们可以因形见义,因形知音。后来,篆书把物体的曲线改为匀圆,隶书又把篆书的匀圆线条改为平直方整的笔画。笔画要求简化,偏旁的写法也要求一致。这样就改变了汉字的面貌,象形的作用便失掉了,既不能因形见义,也不能因形知音。隶书以后象形字发展而成形声字。形声字通过义符和声符的配合,组成表意兼标音的文字。不论义符或声符,基本上是由点、横、竖、撇、捺、钩……等符号组成的方块字。这一些符号只是一种笔画,在字义和字音方面都不起作用。在字形上看不出任何形象,因而形成"不象形的象形字"。

汉字是由表意、表音的偏旁和既不表意也不表音的符号组成的文字体系,与拼音文字是不同的。最初是一个字有一个完整的形体,代表一个音节,表示一个意义的单音词。它也可能与另一个汉字结合起来，成为一个复音词中的一个音素，构成另一个意义，成为另一个汉字。写字就是画画。汉字是由图画发展而来的，最初是简单的象形字，后来又向表音表意的方面发展，形、音、义是互相联系的。远在春秋战国时代即有教学童识字的书了，这就是当时的识字课本《史籀篇》。可惜《史籀篇》大半早已亡佚，在汉代许慎的《说文解字》中仅流传下来225字。字体繁复，不易辩认。秦始皇兼并列国，统一天下，丞相李斯实行改革，改"大篆"为"小篆"，成为秦代通行的文字。李斯又作《仓颉篇》，赵高作《爰历篇》，胡毋敬作《博学篇》，这一些都是教学童识字的课本，对于统一文字，字形要求整齐端正，笔画也要求简化，对于推行小篆起到了重要的作用。到了汉代，汉武帝时司马相如作《凡将篇》，元帝时史游作《急就篇》，平帝时扬雄作《训纂篇》。《凡将篇》和《训纂篇》都没有流传下来。只有《急就篇》流传下来了，从中可以看到汉代通行字体的情况。

汉代还有许多古文经学大师，他们是研究《毛诗》、《春秋左氏传》、《古文尚书》等古籍的。他们依据这些古籍分析造字的方法，并称之为"六书"。据《汉书·艺文志》的记载："古者八岁入小学，故周官保氏掌养国子，教之六书，谓象形、象事、象意、象声、转注、假借，造字之本也。"东汉和帝时，侍中贾逵的弟子许慎根据这些条例，进一步分析篆书的形体结构，创立了研究文字体系的方法，著《说文解字》一书，按照字体偏旁分为540部；全书以小篆为主，兼收古文、籀文，共计9353字，重文1163字，加在一起，为10516字，这是我国最早的一部字典。书中保存了大量的古文字形、字音、字义，成为最有影响的不朽著作，至今仍有其重要的意义。

在"六书"中，形声字是汉字的基本形式。从造字方法来看，汉字可分为：象形字、指事字、会意字、形声字。象形字是表形的，指事字和会意字是在象形基础上，一半表意，一半标音的。就汉字的字体发展时间先后来说，象形字、指事字、会意字发生较早，形声字发生较晚。就汉字的构造方法来说，形声字总括了全部的"六书"。据王筠统计，《说文解字》所收9353字中，形声字为7701字。

汉字约有五六千年以上的历史，其中形声字至少也有两三千年的历史。汉字由篆书发展而为隶书，又由隶书发展而为真书，隶书是中国字形体变迁史中的一个重要转折点。隶书以前的汉字，多为象形兼表意，以象形字、指事字和会意字为基本形式；隶书以后，汉字则为表意兼标音，以形声字为基本形式。隶书以前的古文字形，经过对小篆和隶书的规范，转化为现在的真书。形声字原来的象形消失了，象形字变成"不象形的象形字"和"不谐声的谐声字"，汉字由象形兼表意变为表意兼标音。隶书使象形字、指事字和会意字向形声字转化，形声字完全代替了象形字。秦汉间隶书通行，在这一过程中，古文字面貌逐渐消失，使汉字由象形表意变为表意兼标音；汉代以后，只有会意字和形声字流行，象形字和指事字逐渐减少以至于消失。隶书出现以后的真书影响最大，在日常生活中具有现实的使用价值。形声字于是成为造字的主要方法，且又作为创造简体字的主要方法之一。

从汉字的发展情况来看，主要是从象形表意的原始状态走向表音。形声字是汉字的主要形式。现代汉字总数约有六万字，形声字超过百分之九十五，在现代汉字中所占的比例最大。汉字从最初的象形字发展成为形声字是一个很大的进步。形声字成为现代汉字的主要形式。在原有的汉字上面加上偏旁,把原字又变成为声符,这是最初的情况。属于人为的加"人"旁;与鸟有关的加"鸟"旁;与植物有关的加"木"旁;与山有关的加"山"旁;与水有关的加"水"旁;……等等。以分别它们之间不同的意义,这样就造出了许多形声字。现在又把现存的汉字加上义符,把原字改为声符的字,更是不断出现。例如,化学书中所使用的氢、氧、氮、氯、氦……诸元素的名称,都是新的形声字。

　　隶书把汉字变成方块字,改变了象形字的原形,创造了大量的形声字,后又不断发展,增加了更多的形声字。在形声字上加声符的,于是成为新的形声字。由篆书变成隶书,便看不出原来的字形;原来的形声字加上义符,把形声字作为声符,又加上偏旁作为义符,在原有的形声字的基础上便造成了新的更多的形声字。这样就增加了识字的负担。但也有由于简化作用而形成新的形声字的,这对于识字则是大有帮助的。

　　形声字突破象形字范畴,进入标音文字兼表意文字范畴,把汉字的发展又向前推进了一大步。它是创造汉字的主要方法,现代汉字百分之九十五以上都是用形声方法创造的。用声符定声,以义符定义。看声符可以知道它的读音,看义符可以知道字的含义。就形声字发展来看,汉字由象形、指事、会意发展到形声,由不标音的符号发展为带有标音的符号,形声字突破象形范畴,进入表意文字兼表音文字的范畴。但是,半形半声的方块字,与纯粹的拼音文字仍是不同的。表意的方块字是不能直接发展成为拼音文字的。

　　隶书出现以后,汉字改变了象形面貌,形声字的声符,因笔画改变已成为不见语音特点的标音符号,有些形声字,我们很难看出它的原形。它的义符也失去了原意。隶书为了达到方块字规范化的目的，于是又拆散结构，把声符和义符都拆散了。

文字是记录语言的工具。原始人创造文字只会创造象形文字来表达语言，还不能创造标音的符号来表达语言。因此，从造字时起，表形文字和语音是有矛盾的。文字和语言没有直接的联系。直到创造了表音符号，才能够较为密切地结合语言，才能解决这一矛盾。这就是整个汉字体系的演变过程。这表现了简化汉字的必要性。

从总的情况来看，汉字发展的趋势可以分为几个阶段，最初是由表形趋向表意，后又由表意趋向表音。在形意阶段，表达语言的方法是表形兼表意；表音阶段，表达的方式则是表意兼表音。这也表现了汉字的音化的发展趋势。

形意文字主要是象征性的图画，加上简单的表意符号；表意符号失去表意作用，成为假借的表音符号，于是成为既表意义，又表读音的音义字（形声字）。音义文字在汉字发展史上具有承前启后的作用。汉字从形音阶段发展到意音阶段，又从意音阶段发展为现在的简化字，这是一个巨大的进步。

从总体来看，汉字发生于象形，形成为指事、会意，发展而为形声，又变化而为转注、假借；由此逐渐向简化方面发展。这就是汉字形体发展的基本规律。

汉字形体变迁和书法之成为艺术

汉代以后出现众多书家——真迹和碑帖都值得珍视

汉字在发展过程中,不仅记载了一些历史文献,同时也为我国历史上的许多诗人、散文家、小说家、戏剧家留下了丰富的文化遗产;他们用汉字创作了诗歌、散文、小说、戏剧等作品,以表现爱憎与喜怒哀乐之情。与此同时,又出现了许多书法家,他们用汉字创造出许多具有美学价值的艺术珍品。

汉字之所以成为艺术珍品,主要是由于它的起始是象形的原故。"写字就是画画",点画乃"物象之本"。然而,写字又不是画画,书法与绘画毕竟是不同的。字体有大小、长短、疏密、向背、欹正、方圆……等各种不同情况,"因情生文,因文见情。"这是写字的人思想感情的反映,也是一种艺术的"境界"。这是因为中国人写字用毛笔,"用笔"即是运用各种笔法,写出各种"意境"。这种形象化的意境,在汉字形体的诸多方面都是存在的。从象形字的"视而可见"到谐声字的"形声相益",在字里行间留下了深情厚意,这是可以理解的。

汉字最初多以图画来表达思想，在较早的甲骨文、金文中经常出现此种情况，因此，有的研究家称之为图画文字。后来由图画进一步向文字发展，出现模写形象的"文"，及孳乳浸多的"字"，发展到了象形字阶段。由点画、线条构成物体的形象，进而表达书写者的思想感情，这便是更进一步的发展，用线条表现更多的事物和更丰富的思想感情以至于信念。

各种字体都是人们在长期实践中形成的。书写的工具是毛笔，书写时讲究笔法，即用笔的方法，如何用笔起着重要的作用。写字要使人们认得出，看得懂，最好还能记得住，这就要讲究"用笔"和"笔势"。笔势是写字时一种运用规则，每一种笔画要各自顺着具体的特殊的形态运行。从古到今，字体多次发生变化：由甲骨文、金文变为篆书，由篆书变为隶书，由隶书变为真书，旁及行书、草书，运笔各不相同。

传说中，古代传授笔法的是一位神人。最初的这位神人传给蔡邕，蔡邕传给他的女儿蔡文姬（琰）及崔瑗，其后则有钟繇、卫夫人（铄）、王羲之、王献之、羊欣、王僧虔、萧子云、僧智永、虞世南、欧阳询、陆柬之、张彦远、张旭、李阳冰、徐浩、颜真卿等人；以后就无传了。这当然是虚构出来的。事实上，各种字体都有自己的特点，书法则是要经过众人之手长期实践才能成为艺术品的。从书法本身发展的情况来说，书家必须实地观察多种事物，欣赏以至临摹众多名家的真迹或拓本，才有可能获得进展的。

汉代书法家蔡邕（133——192）字伯喈，陈留圉（今河南杞县）人，他根据观察和体验，以及自己的创作经验，在《九势》中提出："夫书肇于自然，自然既立，阴阳生焉；阴阳既生，形势出矣。藏头护尾，力在字中，下笔用力，肌肤之丽。故曰：势来不可止，势去不可遏，惟笔软则奇怪生焉。"在《九势》中，他又说到"凡落笔结字，上皆覆下，下以承上，使其形势递相映带，无使势背"。他又提出：转笔、藏锋、藏头、护尾、疾势、掠笔、涩势、横鳞等九种"笔势"。他认为这些笔势，非常重要。"得之虽无师传，亦能妙合古人"，达到"妙境"。

这里所说"阴阳既生，形势出矣"，即是认为一字之中，在笔画上，存在许多错综复杂的关系，字"形"是静止的，而"势"是生动的。"形势"是由不同的点画、不同的转折变化而来的。在"动"、"静"之中，包括"转笔"、"藏锋"、"藏头"、"护尾"、"疾势"、"涩势"等许多方面，不仅要写出美观的外形，而且要写出神采奕奕的精神，使之成为艺术珍品。

隶变以后的汉字都是由笔画组成的，一个字包括许多笔画。构成汉字每一笔画的写法也是不同的。汉字笔画不但众多，而且分散。组成汉字的笔画，有丶、一、丨、丿、㇏、㇆……等等，每个笔画各自独立，向四面八方发展，形态千变万化，笔势动静无定，错综复杂，相互配合起来，才能成为一个单字。每个单字，各占一格，不能上下连写（草书例外），必须先上后下，先左后右，先撇后捺，先外后内，先中间后左右，这种错综复杂而又和谐统一的关系，就成为汉字书写的基本规则。

汉字发展的趋势，是先由表形趋向表意，又由表意趋向表音的。形意文字主要是象征性的图画，加上表意的符号。音义文字在文字发展史上有承先启后的作用。象形字形成表意文字体系，可以甲骨文、金文为代表。不论形意文字或音义文字都是从象形文字发展而来的，这是最初的文字类型。汉字在演变过程中，具有甲骨文、金文、篆书、隶书、真书、行书、草书各种字体。每一形体之中，都有不同程度的繁简差异，又因书写工具不同，用笔方法不同，也会引起形体变化。因此又引起不同的"用笔"，有所谓中锋、藏锋、

图 13　西狭颂 　　　　图 14　衡方碑 　　　　图 15　张迁碑

方笔、圆笔、轻重、疾徐……等等。以用笔点画的变化,来表现外部世界以及内心的思想感情,这就形成汉字书法家的艺术特色。

　　殷墟出土的甲骨文上已有用朱、墨写的字。字迹已有轻重、结构疏密的安排。由此可见,书法不仅是记事的简单符号,而且也有美化的要求。在战国的帛书、竹木简册的字迹上,已经可以看到各种不同字体的用途,不同字迹的风格。笔势和字体也都有所不同。汉代以后的墨迹,现在发现更多。从晋、唐到明、清历代书家的墨迹,都各有其艺术特色。从历代书法家的墨迹中,更可以看到他们的思想感情。

　　在墨迹之外,从碑帖中也可以看到汉字的发展情况,以及书法艺术的特点。各种碑帖都是汉字的主要载体。碑刻主要是指在地面上竖立起来的石刻文字,也包括埋在地下的墓志、刻在山上的摩崖,大都是有其实用目的的。碑大都是纪念死者及其事迹的,摩崖则多为人和自然斗争的纪录。书写人有的留下姓名,有的没有留下。自汉代以来流传至今的《郙阁颂》、《西狭颂》(图13)、《衡方碑》(图14)、《张迁碑》(图15)、《礼器碑》

(图16)、《曹全碑》(图17)、《华山碑》(图18)、《史晨碑》(图19)、《孔宙碑》(图20)、《石门颂》(图21)……等碑刻拓片,其中有些渐渐成为被人们专心保存并加以传播的书法艺术。由此我们可以看到历代名家的书法面目,也可以理解书法的源流、继承和发展的关系。自六朝以来,在洛阳地区出土墓志很多,著名的有《龙门二十品》等。康有为在《广艺舟双楫·卑唐》中,

图16 礼器碑

图17 曹全碑

图18 西岳华山庙碑

图19 史晨碑

图20 孔宙碑

图21 石门颂

把这些碑刻的价值提得很高，并借此以贬低唐代碑刻。唐代首都长安和东都洛阳出土碑刻和墓志甚多，由此可以看到唐人书法面貌。宋、元时代名家的墨迹流传较多，而碑刻则较少。在我国书法史上，稍后于碑或与碑同时并存而流传于后世的有帖。帖是收入众多书法家字迹摹刻在石上并拓印下来的复制品。帖中收入众多名家的字迹，丰富多彩。

碑刻或墓志上的记载，还可以补"正史"的不足，或纠正其中的错误之处，成为社会史、艺术史的研究资料。从碑帖上可以看到时代的特征，也可以看到书法家的个性。从对于各个时代、各个字体的碑帖的研究着手，也可以理解中国字体的变迁。古人写字是很认真的。晋代书法家王珣《伯远帖》，在当时可能只是一封普通信札，但每一个字都包含着书写者的个性。这种影响直到后来的一些书法家，如宋代苏轼、米芾等人。从南宋陆游自书诗中更可以看出他的个性以及思想感情。碑帖出现以后，又有对于碑帖的临摹。临摹之中也有很好的字体。如王羲之的《兰亭序》（图22）神龙本，就是摹本中极好的。"行气"、"笔势"自然生动，即使是复制品也很有艺术价值。然而，墨迹并不都是艺术品，更不能一概称之为艺术珍品，而是因为其他原因，如作为考古学上的文物资料才被保存下来。拓本是把镌刻在金属或石头上的字用墨刷拓下来的复本，多为古代直接流传下来的。有的原物已经不存在了，只有拓本。拓本和原物上的字虽然相似，但有的久经风雨侵蚀，与

图22 兰亭序

原物并不完全相同,然而由此却仍可以看到原来字体的面貌,这对于我们研究古代字体变迁和书法艺术也是有所帮助的。

康有为特别看重碑刻的拓本。他在《广艺舟双楫·尊碑第二》中说:"晋人之书流传曰帖,其真迹至明代犹有存者,故宋、元、明人之为帖学宜也。夫纸寿不过千年,流及国(清)朝,则不独六朝遗墨不可复睹,即唐人钩本,已凤毛矣。故今日所传诸帖,无论何家,无论何帖,大抵宋、明人重钩屡翻之本。名虽羲、献,而面目全非,精神尤不待论。譬如子孙曾元,虽出自某人,而体貌则迥别。……流败既甚,师帖者绝不见工。物极必反,天理固然。道光之后,碑学中兴,盖事势推迁,不能自已也。"因此,他提出了"尊碑"的理由:"尊之者,非以其古也。笔画完好,精神流露,易于临摹,一也。可以考隶楷之变,二也。可以考后世之源流,三也。唐言结构,宋尚意志,六朝碑各体皆备,四也。笔法舒长刻入,雄奇角出,迎接不暇,实为唐宋之所无有,五也。有是五者,不亦宜于尊乎!"

在康有为之前,清代书法家阮元(1764——1849)对于中国书法的历史变迁曾经提出过"南北书派论"及"北碑南帖论"。与阮元同时的书法家钱泳(1759——1844)在他的著作《书学》中也提出过书法分为"南北宗"的问题。他说:"画家有南北宗,人尽知之;书家亦有南北宗,人不知也。"他受到阮元"南北书派论"的启发,以字体变迁的情况为例,认为:"盖由篆变为隶,隶变为真书、行书之分为南、北两派者,则东晋、宋、齐、梁、陈为南派,赵、燕、魏、齐、周、隋为北派也。南派由钟繇、卫瓘及王羲之、献之、僧虔等,以至智永、虞世南、褚遂良;北派由钟繇、卫瓘、索靖及崔悦、卢湛、高遵、沈馥、姚之标、赵文深、丁道护等,以至欧阳询、颜真卿、柳公权。南派不显于齐、隋，至贞观乃大显，太宗独喜羲、献之书，至欧阳、虞、褚皆习《兰亭》，始令王氏一家兼掩南、北。然此时王派虽显，继楮无多，世间所习，犹为北派。及赵宋《阁帖》一行，不重碑版，北派愈微，故窦臮《述书赋》自周至唐二百七十人中，列晋、宋、齐、梁、陈一百四十五人，于北朝不列一人，其风迁派别可想见矣。不知南、北两派判若江湖，不相通习，南派乃江左风流，疏放妍妙，宜于启牍；北派则中原古法，厚重端严，宜于碑榜。宋以后学者，昧于书有南、北两派之分，而以唐初书家举而尽属羲、献，岂知欧、褚生长齐、隋，接近魏、周。中原文物，具有渊源，不可合二而一之也。"他所论及众多书家的情况不一定准确，但他的意见也是有道理的。

阮元在《北碑南帖论》中则说："古石刻纪帝王功德，或为卿士铭德位，以佐史学，是以古人书法未有不托金石以传者。秦石刻曰'金石刻明白'，是也。前、后汉隶碑盛兴，书家辈出。东汉山川庙墓无不刊石勒铭，最有矩法。降及西晋、北朝，中原汉碑林立，学者慕之，转相摩习。唐人修《晋书》、南、北史传，于名家书法，或曰善隶书，或曰善隶草，或曰善正书，善楷书，善行书，而皆以善隶书为尊。当年风尚，若曰不善隶，是不成书家矣。……而羲之隶书，世间未见也。"他又说："隶字书丹于石最难，北魏、周、齐、隋、唐，变隶为真，渐失其本。而其书碑也，必有波磔杂以隶意，古人遗法犹多存者，重隶故也。隋、唐人碑画未出锋，犹存隶体者，指不胜屈。"（在这里，他所说的"羲之隶书"，即是真书。）

钱泳的论述大体上说明了由汉代开始的南北书家的情况。他所论及的众多书家，他们的字迹大多没有被保存下来，现就我们可以看到的真迹和碑帖拓本而言，也可以看出汉字形体变迁的一个轮廓。不论南派、北派书家，由隶书发展而为真书、行书、草书，却是一个总的趋势。阮元提出的"南北书派论"及"北碑南帖论"，在当时也曾经发生过相当大的影响。包世臣在《艺舟双楫》、康有为在《广艺舟双楫》中都曾加以论述。

阮元在《北碑南帖论》中认为："晋室南渡，以《宣示表》（图23）为江东书法之祖，然衣带所携者，帖也。帖者，始于卷帛之署书，后世凡一缣半纸珍藏墨迹，皆归之帖。今《阁帖》如钟、王、郗、谢诸书，皆帖也，非碑也。且以南

图23 宣示表

朝敕禁刻碑之事，是以碑碣绝少，惟帖是尚，完全变为真、行、草书，无复隶书遗意。即以焦山《瘗鹤铭》（图24）与莱州郑道昭《山门》字相较，体似相近，然妍态多而古法少矣。……东晋民间墓砖，多出陶匠之手，而字迹尚与篆隶相近，与《兰亭》迥殊，非特风流者所能变也。……北朝碑字破体太多，特因字杂分隶，兵戈之间，无人讲习，遂致六书混淆，鄦壁虚造。然江东俗字，变复不少。……唐太宗幼习王帖，于碑版本非所长，是以御书《晋祠铭》（图25），笔意纵横自如，以帖意施之巨碑者，自此等始。此后李邕碑版名重一时，然所书《云麾》诸碑，虽字法半出北朝，而以行书书碑，终非古法。故开元间修《孔子庙》诸碑，为李邕撰文者，邕必请张庭珪以八分书之，邕亦谓非

图 24　瘗鹤铭　　　　图 25　晋祠铭

隶不足以敬碑也。……是故短笺长卷，意态挥洒，则帖擅其长。界格方严，法书深刻，则碑据其胜。"

　　阮元从历史发展的角度，对于中国书法艺术的论述是有见地的。由此可见，汉字形体变迁，对于书法艺术的发展是有其重要的影响的。

下 编

甲骨文、金文

甲骨文是镌刻在龟甲兽骨上的文字——金文则铸刻在铜器上——甲骨文和金文有继承关系

关于汉字形体变迁及书法艺术的发展，我国历代书法家大都有所论述。现代书法家胡小石先生在《书艺略论》中更有较为细致且带有系统性的论述。他认为：殷墟所出的殷代中期以来的甲骨卜辞为中国"最早"而非"最古"之文字。"中国最早之文字，当于殷墟甲骨以前求之。""六书"之中，象形字极少，最多的为形声字。殷代鼎彝多为祭器，有铭刻文字的多在殷末，寓动作于形象之中，"视而可见，察而见意"。这是当时约定俗成情况。我国最早的文字是象形字。"象形文字，其起源当在甲骨文字以前，殷末以至周初，尚往往保留其残迹。"殷至西周早期铜器上所见方笔用折之文字，相当于《说文解字》中所说的"古文"。自西周中期以下至东周早期铜器上所见圆笔用转之文字，相当于"大篆"。大篆发展至春秋时期，用笔日趋纤细，字形也日益诡变，渐演变成为"六国文字"。秦人兼并天下，而以秦国文字"小篆",推行到全国。如秦始皇及秦二世的权量刻文。秦代诏版又有化曲笔为直笔,简易而可速写者,即为新兴的隶书。许慎《说文解字》所收以小篆为主体,兼采古、籀。"隶书既成,渐加波磔,以增华饰,则为'八分'。其起源可早至汉武帝时。""隶加波挑,而行笔又加简急,则为'章草'。其起源与'八分'殆可同时,亦在西汉。今征之西陲简牍与居延木简,可以证之。""盖此施之奏章,与隶同意,故以为名。章省波挑,上下文渐多系连。系连之度,与日俱增,遂成后来之草书。其起源至迟也在西晋。""八分又渐变而为真书"。"行书后出,可云真草之结合,亦当魏晋之世。"以上各种字体的变迁,"隶、分、真、草之类,其成立各有先后,各体间,彼此亦有渊源关系。然并非一体绝灭,其它一体始代兴。实际上,隶、分、真、草可以同时并存,亦可以一人兼擅"。[①]胡小石先生的论述,基本上是符合中国字体变迁的情况的。

古老的中国文字源远流长,汉字起源于何时?这是长期以来历代学者关心的一个问题。郭沫若先生在《古代文字之辩证的发展》中曾经指出:汉字至今已有六千年左右的历史,在新石器仰韶文化时期即已存在。半坡彩陶上已有类似文字的简单刻划存在,这种刻划即是具有文字性质的符号。这之后,在殷代的青铜器上出现的就更多了。这可能就是中国文字的起源,是汉字的原始阶段。他认为:

"文字是语言的表象。任何民族的文字,都和语言一样,是劳动人民在劳动生活中,从无到有,从少到多,

[①] 见《江海学刊》1961年第7期。着重点为引用者所加。

从多头尝试到约定俗成，所逐步孕育、选练、发展出来的。它决不是一人一时的产物。它随着社会的发展而发展，有着长远的历程。只要民族的生命还存在，或者没有受到强大外力的长期扼制，文字也和语言一样，总要不断发展。它们仿佛都是有生命的东西，不断地在新陈代谢，一刻也不曾停止，一刻也不会停止。

汉字究竟起源于何时呢？我认为，这可以以西安半坡遗址距今的年代为指标。

关于半坡遗址的年代，今年以来中国科学院考古研究所实验室用同位素C^{14}测得四个数据：(1)距今6080 ± 110年；(2)距今5920 ± 105年；(3)距今5855 ± 105年；(4)距今5600 ± 105年。前有一个数据是分别从遗址中不同层位或不同处所遗留下来的三个木炭标本测得的，年代最早和最晚之间相差二百余年。这，主要由于当时人类在半坡居住的时间较长，加之数据本身有差误率（即"± 105年"之类），是完全可以理解的。后一个数据是从遗址中一座房基里的许多残存果核测得的，比第一个数据晚四百八十年。原因何在，有待进一步研究。"[①]

胡小石先生在《书艺略论》中则认为：汉字的起源和龙山文化可能是有关系的。

"中国文字起自何时，今日尚未有确切之答案。据

[①] 见《考古》杂志1972年第3期。着重点为引用者所加。

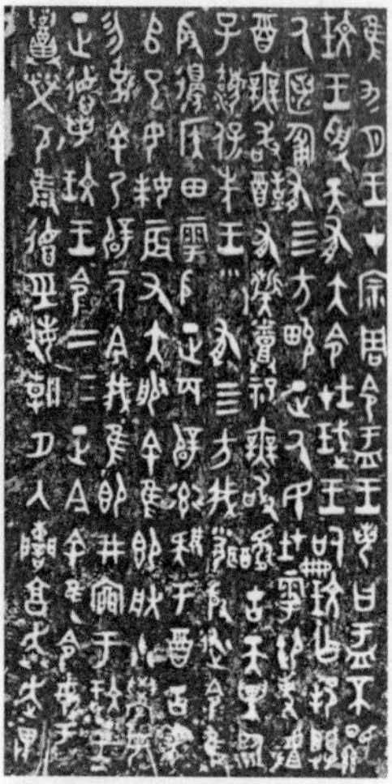

一九三〇至一九三二年城子崖发掘所得之龙山文化陶器上，或有刻作简单之符号者，此种符号是否即可视为正规文字，殊难肯定。但自古代社会进入用铜时期，而文字也相伴产生，则可断言。于此有一事，当特别提出者，今日学者公认殷墟所出殷代中叶以来之甲骨刻辞，为中国最早文字。愚意甲骨文字之为中国甚古文字，固不容置疑，然即认此为中国最早文字，则尚可商榷。因甲骨文字乃甚成熟之文字，自其中形声字与通假字之使用上视之，即可证明。然一种文字发展之过程，从其开始未成熟而至后来甚成熟，其间经过必非一朝一夕所可完成。故殷墟甲骨文字乃中国甚古之文字，而非中国最早之文字。欲见中国最早之文字，当于殷墟甲骨以前求之。"①

图 26 大盂鼎

图 27 散氏盘

他认为："自殷至西周早期铜器上所见方笔用折之字，相当于'古文'。可举《大盂鼎》（图 26）为例。……自西周中叶以下至东周早期铜器上所见圆笔用转之文字，相当于大篆。可举《散氏盘》（图 27）、

---

① 见同前。着重点为引用者所加。

《毛公鼎》（图28）为例。"这些殷、周时代的甲骨文、金文，都是古代文字发展变迁日益成熟的表现，具有典范的意义。

汉字几千年来发展的历史，如上所述，已经形成了具有一定的严谨的结构，比较完整的体系，并且随着社会发展而发生连续不断的变化。汉字形体的变迁具有一定的发展规律，这是一个必然的趋势。鲁迅在《从"别字"说开去》一文中写道："文化的改革如长江大河的流行，无法遏止，假使能够遏止，那就成为死水，纵不干涸，也必腐败的。""以文字论，则未有文字之时，就不会象形以造'文'，更不会孳乳而成'字'，篆决不解散而成隶，隶更不简化而为现在之所谓'真书'。"①汉字由甲骨文、金文、篆书、隶书发展而为现在的真书，这是一个不可逆转的必由之路，时间虽然漫长，但有轨迹可寻。

图28 毛公鼎

现在的"象形以造'文'，孳乳而成'字'"的汉字，即是从甲骨文、金文发展变化而来的。但甲骨文、金文却不是最原始的汉字。在现代出土的甲骨文、金文中已经显现出象形、指事、会意、形声、转注、假借，造字和用字的现象，这说明在甲骨文、金文出现以前，可能已有更古老的文字存在，可是到目前为止，我们还没有看到这样的文字，因此在这里，说到中国文字形体的变迁，就只有从甲骨文、金文说起。

---

①见《鲁迅全集》第6卷第283页。

图29 甲骨刻辞

甲骨文（图29）是出现在殷代，我国最古老的文字。清光绪二十五年（1899）在盘庚迁殷后的王都遗址河南安阳洹水南岸小屯发现。这里有规模宏大的王室基地，还有各种作坊遗址和窟穴；在这里，出土大批作为占卜用的镌刻在龟甲兽骨上的文字。时间跨度为自盘庚迁都于殷至帝辛（纣王）灭亡，八代十二王，历时二百七十多年。（公元前14——前11世纪）距今已有三千多年。奴隶制时代的殷王朝是十分迷信的，几乎每事必卜，甚至多次。甲骨上所刻文字都是殷代帝王用以占卜祭祀、战争、田猎、出行时日的吉凶，用人用牲的多寡，……等事。大事多用龟甲，小事则用兽骨，出土的文字都镌刻在龟甲兽骨上，故被称为甲骨文。又因为这些文字都是作为占卜用的，故又叫做殷墟卜辞。"卜辞的程式非常简单，大抵是'某日某人卜问某事，吉或不吉，有时记录其效验。纪日用干支，不像后人用数目字，故干支文字极多。""从这里可以看出，文字的书法有粗有精，且必先粗而后精。……规整的文字要经过长期的发展才能产生，也就是说要经过长期的琢磨、苦练，才能达到精美而规整。"[①]

[①] 见《古代文字之辨证的发展》。

清末光绪年间，安阳殷墟农民耕作时，往往掘得甲骨。当时大多被视为废物抛弃，或当作药物卖给药店。光绪二十六年（1900），古董商人范维卿携带百多片，来到北京卖给金石家王懿荣；其后又有古董商人来到北京，卖给他的甲骨就更多了，先后累积到千余片。八国联军事变发生时，王懿荣投井而死；他的儿子便把这些藏品卖给《老残游记》的作者刘鹗（铁云）。刘鹗又继续权集，所得超过五千片。1903年，拓印为《铁云藏龟》一书。继刘鹗之后，罗振玉又派人到安阳收集，所得更多，陆续拓印并作考释成为《殷虚书契前编》、《殷虚书契菁华》、《殷虚书契后编》、《殷虚书契续编》等书。1928年前中央研究院开始在殷墟考古发掘工作，又获得甲骨一万七千多件。董作宾编有《殷虚文字甲编》、《殷虚文字乙编》等书。1932年郭沫若编有《卜辞通纂》。其后，1937年又编有《殷契萃编》。1934年，孙海波曾汇编《甲骨文编》（其后又有修正）一书。中华人民共和国成立后，从1960年开始，胡厚宣先生选录自1899年以来，公私收藏及流传海外的甲骨文共计41956片，汇编为《甲骨文合编》，分期分类加以编排，共十三册，陆续出版发行，至1983年出齐，成为甲骨文最丰富的结集。

甲骨文自从清末被发现，至今已有一百多年的历史，收藏家和研究家逐渐增多。先后出土的甲骨已有十万片以上，据专家考证，单字约有五千多个，已经认识的约为二千字左右。它的基本词汇、基本语法、基本字形结构与现代汉字是一致的。

甲骨文虽然不是中国的原始文字，但它的"造字之本"仍然和"六书"大有关系，或者说"六书"也是它的造字方法。在甲骨文里面有许多字，初看不易认识，但仔细去看，就可以知道它像是什么东西。这就是象形字。例如，"鱼"字，"鸟"字、

"燕"字、"鹿"字，等等。"写字就是画画"，凡有实物可以用图画表示出来的，大都用图形表现。又例如"耳"字、"目"字、"牛"字、"羊"字、"犬"字、"马"字……等等，都是如此。这些字都有实物形象可寻，而在甲骨文里面便成为表示语词的文字。用线条的形式表示实物的原形，"画成其物，随体诘诎"的象形字。

在语言里的词并不是都有具体实物形象可以描画的。例如，"一"、"二"、"三"、"四"、"五"、"六"、"七"、"八"、"九"、"十"，这些数目字，就是没有外形可画的。在甲骨文里就用线条来表示数目。又有一些事物没有外形可以表示出来，在甲骨文里也有用图画来表示的，例如，"上"字、"下"字，"视而可见，察而见意"，这些便是指事字。属于行为动作的词，在甲骨文里也有用图画来表示的，例如，"牧"字，从攴从牛，表示放牛；"伐"字，从戈从人，表示征伐。这是用两个图画的形式，把两个形体结合在一起作为表意文字的会意字。上述这些象形字、指事字、会意字，都是用图画来表示字形的。后起的形声字也是离不开图画的。后来的汉字形成篆书，由篆书变为隶书，又变为真书（不象形的象形字），然而图画却始终是汉字的基础。于此可见，在甲骨文存在时期已经运用"六书"造字方法了。

甲骨文是最早出现的汉字，但没有定型，常有一个字多至数十个异体字，例如"羊"字，即有四十多个繁简不同的异体字。会意字"羴"字，是用三个"羊"字组成的，也有用四个"羊"字组成的。造字方法是比较原始的，没有固定下来。字体的部位也不固定，同一个字形，可以正写、反写、侧写、也可以倒写。例如"卜"字，即具有正写、反写、倒写各体。又如，由"日"、"月"两字组成的"明"字，"日"、"月"两字也有互不相同的排列形式。

在殷代已经出现，在西周又有更大发展的金文，在汉字形体变迁史上比甲骨文又前进了一步。甲骨文是用刀刻在甲骨上面的，笔画比较细一些，金文则是刻铸在铜器上面的。一般说来，不但字形比较大些，线条也较粗些。郭沫若认为周代已有大批的铜器铭文出现，如成王时代的《令彝》，有一百八十七字，康王时代的《大盂鼎》有二百九十一字，宣王时代的《毛公鼎》长达497字。从文字形体及花纹来看，周代金文与殷代甲骨文是有因袭，也有继承的关系的。对于金文的研究，是从宋代开始的。宋人收藏铜器，极为重视铭文。吕大临作《考古图》，摹写铭文，并作考释。薛尚功的《历代钟鼎彝器款识法帖》，更把铜器铭文和书法联系起来，有释文，又有考证。清代学者阮元的《积古斋钟鼎彝器款识》，较宋人又前进了一步。罗振玉编印的《三代吉金文存》，收有铭文四千多个。吴大澂《说文古籀补》、孙诒让《古籀拾遗》都具有创见，超过前人，对于金文字体更作深入的研究。

金文字体和甲骨文比较起来虽然相差不大，但却简化了许多，像甲骨文那样复杂繁多的异体字大为减少。研究家们往往把金文和甲骨文联系起来，加以比较研究，甲骨文和金文并称。把金文与甲骨文分开，独立成为专著是从容庚先生开始的。1927年，他编有《金文编》一书（后在1938年又加以补订），按照《说文解字》部首排列的办法，《说文》中没有的或字形不可认识的列为附录，共收周金文1804字，附录1165字。容庚又曾编有《金文续编》，专收秦汉金文，于1935年印行，共收951字，附录34字。1931年，郭沫若曾著《金文丛考》，其后又著《两周金文辞大系》，对于两周金文进行更为细致的研究。按照年代与国别，国别之中又贯以年代，这在金文研究工作中也是一个创举。新中国成立后，特别是新时期以来，李学勤、刘雨等先生对于金文的研究工作，更前进了一大步。由中国社会科学院考古研究所编纂、香港中文大学文化研究所出版的《殷周金文集成释文》。经过双方艰苦努力，在1997年完成此项工作，真是煌煌巨著。这是到目前为止最完整的商周金文总集，对于中国古代历史的研究将起到推动的作用。

郭沫若认为：中国文字，"在殷代便有艺术的风味。殷代的甲骨文和殷周金文，有好些作品都异常美观。留下这些字迹的人，毫无疑问，都是当时的书家，虽然他们的姓名没有流传下来。但有意识地把文字作为艺术品，或使文字本身艺术化和装饰化，是春秋时代的末期开始的。这是文字向书法的发展，达到了有意识的阶段。作为书法艺术的文字与作为应用工具的文字，便多少有它们各自的规律"。（见《古代文字之辨证的发展》）

篆 书

甲骨文、金文不断向前发展——篆书的形体美——最早出现的书法家

汉字的结构和体系及其发展规律，已如上述。甲骨文、金文在我国几千年社会发展过程中，曾起到过不可替代的作用。汉字对于团结各族人民，不仅止于汉族；对于发展全民族的政治经济文化，巩固国家的统一，从殷、周、秦、汉起及以后各朝各代都起到过重要的作用。汉字不仅是汉族使用的文字，少数兄弟民族也在使用。汉字形体不断发展变化，在使用过程中又不断加以美化。线条不断变化，既形成汉字形体变迁，同时也是令人产生美感的来源。

新旧字体的变化，是渐进的而不是突变的，并不是新字体一出现，旧字体就被废除。而是经过一个时期的新旧并存，在长期共存过程中，旧体逐渐不被使用，但并不是不存在了。例如甲骨文、金文在二三千年以前便已出现，在今天的日常生活中虽不常使用，但作为书法艺术，必将长久流传下去。

图30 瑯琊台刻石

图31 峄山刻石

古人神化仓颉,说文字是仓颉创造出来的。主要意思是说像这样神通广大的人,"仰观天文,俯察地理","见鸟兽蹄迒之迹",便能造出文字来。因此引起人们的尊敬,产生了这样的传说。但经过历史实践证明,仓颉并无其人。中国文字不是任何"圣贤"所能创造出来的,而是众人的集体智慧的结晶。如周代《大盂鼎》、《毛公鼎》、《散氏盘》的金文,又如秦代泰山刻石、瑯琊刻石(图30)、峄山刻石(图31)。结体端庄,形式齐整,给人以美感。汉字从它一开始发生时,即不断向前发展,从最初作为表意的符号,逐步成为表达美感的形体。由甲骨文、金文发展而为篆书,即是一个很大的发展。

蔡邕是一个在中国书法史上出现较早的著名人物。他在《笔论》中具体地形象地说明了篆书形体的变化。他在近代发现的甲骨文、金文之前,所描写的汉字形体变迁,以及秦汉书法家所写的篆书是颇为细致的。

他在《笔论》中更具体也更生动地说到篆书的形体之美:"为书之体,须入其形,若坐若行,若飞若动,若往若来,若卧若起,若愁若喜,若虫食木叶,若利剑长戈,若强弓硬矢,若水火,若云雾,若日月,纵横有可象者,方得谓之书矣。"

西晋卫恒在《四体书势》中,曾经引用过蔡邕所作的《篆势》,那就更加"妙巧入神"了。《篆势》有云:"字画之始,因于鸟迹，苍（仓）颉循圣作则，制斯文体有六篆，妙巧入神。或龟文针裂，栉比龙鳞，纾体放尾，长翅短身。颓若黍稷之垂颖，蕴若虫蛇之芬缊。扬波振撇，鹰跱鸟震，延颈胁翼，势欲凌云。或轻笔内投，微本浓末，若绝若连，似水露缘丝，凝垂下端。纵者如悬，衡者如编，杳杪斜趋，不方不圆，若行若飞，跂跂翾翾。远而望之，若鸿鹄群游，骆驿迁延；迫而视之，端际不可得见，指撝不可胜原。研桑不能索其诘屈，离娄不能睹其隙间，般倕揖让而辞巧，籀诵拱手而韬翰。处篇籍之首目，粲斌斌其可观，摛华艳于纨素，为学艺之范先。嘉文德之弘懿，愠作者之莫刊，思字体之俯仰，举大略而论旃。"在中国字体变迁史上，篆书较之甲骨文、金文又前进了一步，在艺术史上也起到了巨大的作用。篆书的出现结束了我国字体变迁史上的"古文"时代。

甲骨文、金文及其以后出现的字形，直到秦代，在中国字体变迁史上，都属于"古文"时代。所谓"古文"，经历时间很长，从殷代起，直到春秋战国时代，包括甲骨文和金文在内，都可称之为"古文"。这里所说的古文，主要指的是后来通称为"大篆"的字体。《说文解字》中的籀文，也包括在这里面。籀文，不是周宣王太史籀所造。太史籀，并无其人；《史籀篇》原为当时学童识字的课本。秦代统一天下以前，"大篆"是当时各国通行的文字。秦代统一以后，出现了有异于"大篆"的字体，即被称为"小篆"，又名"秦篆"。它是秦始皇统一天下之后通行的字体。这之后，"大篆"便逐渐停止使用。不论"大篆"或"小篆"，在汉字形体变迁史上，都被称为篆书。

西周灭亡以后，平王东迁。当时在西方兴起的国家，便是秦国。秦国使用的文字，即为"籀文"。当时东方各国使用的文字，和秦国不同。秦始皇削平六国之后，对于文字加以改革。他

图 32　秦量诏版　　　　　图 33　秦权诏版

采用丞相李斯的主张,"罢其不与秦文合者",同时对于秦国使用已久的文字——"籀文",也加以"省改"。李斯又作《仓颉篇》、中车府令赵高作《爰历篇》、太史令胡毋敬作《博学篇》,形体都与"大篆"不尽相同,这就是后来被称为"小篆"或"秦篆"的字体。

秦代小篆流传下来的有泰山刻石、琅琊刻石、峄山刻石等碑文,此外还有秦量（图32）、秦权诏版（图33）等,字体逐渐规范化。

汉代许慎《说文解字》说:"今叙篆文,合以古、籀。"他根据前代古文、籀文,并用以作为分析汉字结构的理论及方法。许书中收入"大篆"、"小篆"9353字,"重文"（异体字）1163字。其中既有秦代以前的字也有汉代新出现的字。在他生活着的时代，虽然尚未发现甲骨文和金文，但他对于分析汉字结构的理论和方法，对于后来的人们认识甲骨文、金文也起到了引导作用。他把每个字的偏旁或笔画接近的字都归为一部。每一篆文之下，根据"六书"，加以分析。这对于认识和理解篆书是大有帮助的。如不识篆书形体，那就很难理解篆书的音义。《说文解字》中保存大量的古字古义，其解释虽然不完全正确，也仍为今人研究古代文字和古代典籍必读之书。清代学者段玉裁的《说文解字注》、桂馥的《说文解字义证》、王筠的《说文句读》、朱骏声的《说文通训定声》都是研究《说文》的专著，对汉字的字形、字音、字义进行了全面研究。吴大澂的《说文古籀补》集录了古代钟鼎彝器的铭文，又把秦代以前的古器物上的文字和《说文》加以对照。这样，"篆文"也就更加可以认识了。可以说，在汉字形体变迁过程中，小篆便把汉字定型化了。它在统一定型过程中，包括甲骨文、金文等"古文"在内，将随字体不同而形成的不规则的曲线，变成圆转匀称的线条。这样一来，按圆转匀称的线条书写，便有规律可寻了。许慎在《说文解字》中，按照小篆构形的规律，把组成小篆的偏旁，"分别部居"，作为部首，编成按部首排列的字典，这是汉字形体变迁史上的一个创举。借此我们可以辨认更古老的文字——甲骨文、金文，由此还可以理解古代历史文化以及社会经济的原始资料，用来整理古代文化典籍。

篆书出现以后，自秦代以来便出现了一些书法家。西晋书法家卫恒（？—291）在他所著的《四体书势》中说："秦时李斯号为工篆，诸山及铜人铭皆斯书也。汉建初中，扶风曹喜善篆，少异于斯，而亦称善。邯郸淳师焉，略究其妙，韦诞师淳而不及也。太和中，诞为武郡太守，以能书留补侍中，魏氏宝器铭题，皆诞书也。汉末又有蔡邕为侍中、中郎将，善篆，采斯、喜之法，为古今杂形，然精密闲理不如淳也。"李斯、曹喜、邯郸淳、韦诞、蔡邕可以说是我国最早出现的一批书法家。这就是篆书发展变迁的大致情况。

隶 书

隶书进一步发展成为真书——隶书的形体美——相继出现的书法家

在中国字体变迁史上,隶书可以说是古体和今体文字的转折点。小篆是古文的终点,隶书则是今文的开端。新旧字体的发展变化,是渐变的而不是突变的。从殷周时代,经过春秋战国,直到秦代,是"古文"时代。秦汉以后直到现代,是"今文"时代,秦代兴起的隶书便是一个转折点。它转化秦以前的篆书,使之成为汉以后的隶书和真书。隶书结束了过去的"古文"形体,转化为汉以后的隶书和真书的形体,真书则是由隶书演变而来的。

秦代曾经通行过小篆,与此同时,又通行隶书。《汉书·艺文志》说:"是时(指秦始皇统一中国以后。——引用者注)始造隶书矣,起于官狱多事,苟趋省易,施之徒隶也。"许慎在《说文解字·叙》中也说:"秦烧灭经书,涤除旧典,大发吏卒,兴戍役,官狱职务繁,初有隶书,以趋约易,而古文由此绝矣。"《说文解字·叙》中又曾提出隶书是"程邈所作"。这个程邈可能即是当时众人中的一个参与造作或使用隶书的人。唐代书法家张怀瓘在《书断》中说得较为详细一些："隶书者，秦下邽人程邈所造也。邈字元岑，始为衙县狱吏，得罪始皇，幽系云阳狱中，覃思十年，益大、小篆方圆而为隶书三千字，奏之始皇。善之，用为御史。以奏事繁多，篆字难成，乃用隶字，以为隶人佐书，故曰隶书。蔡邕《圣皇篇》云：'程邈删古立隶文。'甄丰六书云：'四曰佐书'是也。秦造隶书以赴急速，惟官司刑狱用之，余尚用小篆焉。汉亦因循至和帝时。贾鲂撰《滂喜篇》以《苍颉》为上篇、《训纂》为中篇、《滂喜》为下篇，所谓'三苍'也。皆用隶字写之，隶法由兹而广。"

东汉赵壹在《非草书》中也认为："盖秦之末，刑峻网密，官书烦冗，战攻并作，军书交驰，羽檄纷飞，故为隶草，趋急速耳，示简易之指，非圣人之业也。但贵删难省烦，损复为单，务取易为易知，非常仪也。故其赞曰：'临事从宜。'"隶书的用途更为广泛。"删难省烦，损复为单"，容易认识也容易书写，学起来和用起来更加容易。因此也就容易通行了。

卫恒在《四体书势》中说的就更为具体："自秦坏古，文有八体：一曰大篆，二曰小篆，三曰刻符，四曰虫书，五曰摹印，六曰署书，七曰殳书，八曰隶书。王莽时，使司空甄丰校文字部，改定古文，复有六书：一曰古文，即孔子壁中书也；二曰奇字，即古文而异者也；三曰篆书，即秦篆书也；四曰佐书，即隶书也；五曰缪篆，所以摹印也；六曰鸟书，所以书幡信也。"关于篆书向隶书发展，他在《四体书势》中又说："秦既用篆，奏事繁多，篆字难成，即令隶人佐书，曰隶书。汉因用之，独符玺、幡信、题署用篆。隶书者，篆之捷也。"他在论及隶书时，又引《隶势》说："鸟迹之变，乃惟佐隶，蠲彼繁文，从此简易。厥用既弘，体象有度,焕若星陈,郁若云布。其大径寻,细不容发,随事从宜,靡有常制。……修短相副,异体同势,奋笔轻举,离而不绝。纤波浓点,错落其间。……"隶书的字体和书写的笔势和篆书是不同的,"蠲彼繁文,从此简易",是它的一个很大的特点。

西晋文字学家成公绥(231—273)在《隶书体》中,对于隶书则更加赞扬,他说:"皇颉作文,因物构思,观彼鸟迹,遂成文字。灿矣成章,阅之后嗣,存载道德,纪纲万事。俗所传述,实由书纪,时变巧易,古今各异。虫篆既繁,草稾近伪。适之中庸,莫尚于隶。规矩有则,用之简易。"对于隶书的笔画,他也有所论述:"或轻拂徐振,缓按急挑,挽横引纵,左牵右绕,长波郁拂,微势缥缈。"对于隶书如此赞扬,他也是较早重视隶书艺术的一人。

清代书法家包世臣(1775—1855)在《艺舟双楫·历下笔谭》中谈到由隶书发展为真书,说得更为具体:"秦程邈作隶书,汉谓之今文,盖省篆之环曲以为易直。世所谓秦、汉金石,凡笔近篆而体近真者,皆隶书也。及中郎(即蔡邕—引用者注),变隶而为八分。八,背也;言其势左右分布相背然也。魏、晋以来,皆传中郎之法,则又以八分入隶,始成今真书之形。是以六朝至唐,皆称真书为隶。自唐人误以八分为数字,及宋遂并混分、隶之名。窃谓大篆多取象形,体势错综;小篆就大篆减为整齐;隶就小篆减为平直;分则纵隶体而出以骏发;真又约分势而归于遒丽。相承之故,端的可寻。故隶、真虽为一体;而论结字则隶为分源,论用笔则分为真本也。"他从中国字体变迁的情况说到隶书在发展过程中所起的作用,特别是和真书的关系。

隶书自从出现以后,其影响是深远的。与之有密切关系的,又出现了一些书法家。唐张怀瓘在《书断》中,对于汉代书法家多有所评论:"后汉杜度字伯度,京兆杜陵人。御史大夫延年

图34 天发神谶碑

曾孙。章帝时为齐相，善章草。虽史游始草书，传不纪其能，又绝其迹，创其神妙，其惟杜公。韦诞云：杜氏杰有骨力，而字笔画微瘦。崔氏法之，书体甚浓，结字工巧，时有不及。张芝喜而学焉，转精其巧，可谓'草圣'，超前绝后，独步无双。"

又云："崔瑗字子玉，安平人。曾祖蒙，父骃。子玉官至济北相，文章盖世，善章草，师于杜度，点画之间，莫不调畅。伯英祖述之，其骨力精熟过之也。索靖乃越制特立，风神凛然，其雄勇劲健过之也。以此有谢于张、索。……以顺帝汉安二年卒，年六十六。"

又云："张芝字伯英，敦煌人。父焕为太常卿，徙居弘农华阴。伯英名臣之子，幼而高操，勤学好古，经明行修，朝廷以有道征，不就，故时人称张有道，实避世洁白之士也。好书，凡家之衣帛皆先书而后练，尤善章草书，出诸杜度、崔瑗云。龙骧豹变，青出于蓝。又创为今草，天纵颖异，率意超旷，无惜是非。若清涧长源，流而无限，萦回崖谷，任于造化，至于蛟龙骇兽奔腾拿攫之势，心手随变，窈冥而不知其所如，是谓达节也已。精熟神妙，冠绝古今，则百世不易之法式，不可以智识，不可以勤求，若达士游乎沉默之乡，鸾凤翔乎太荒之野，韦仲将谓之'草圣'，岂徒言哉。……韦诞云：崔氏之肉，张氏之骨。其章草《金人铭》可谓精熟至极。其草书《急就篇》，字皆一笔而成，合于自然，可谓变化至极。羊欣云：张芝、皇象、钟繇、索靖，时并号"书圣"，然张劲骨丰肌，德冠诸贤之首，斯为当矣。其行书

图 35　马王堆简 　　　　图 36　银雀山简 　　　　图 37　睡虎地简

则二王之亚也,又善隶书。以献帝初平中卒。伯英章草、行入神,隶、分入妙。"杜度、崔瑗、张芝、皇象、钟繇、索靖等都是汉代以隶书著名的书法家,对于后世也产生了巨大的影响。

清代书法家刘熙载(1813—1881)在《艺概》中认为:从汉代开始,能够流传下来的大都是隶书。如"《开通褒斜道石刻》,隶之古也;《祀三公碑》,篆之变也。《延光残碑》、《夏承碑》、吴《天发神谶碑》(图34),差可于八分篆二分隶之说,然必以此为八分,则八分少矣。或曰鸿都《石经》乃八分体也。"他认为隶书的形体对于自汉以来的书家的影响是深远的。

隶书到汉代更为通行,在过去的出土文物中,屡有发现在竹简帛书上书写的隶体文字。新中国成立后,1972年月1月至4月,在长沙马王堆一号汉墓中发掘出三百多支竹简(图35)。1972年4月,在山东临沂银雀山汉墓中发掘出四千九百多支竹简(图36)。1973年12月,在马王堆三号墓中又出土大批帛书和竹简。这三处汉墓葬中的字体都是隶书。

1976年3月，在湖北云梦睡虎地出土秦简（图37）一千余支，字体和马王堆、银雀山出土的相似，多为由篆变隶，以及完全脱离篆体，形成隶书的形式。东汉的隶书，也称"八分书"，是对于西汉隶书加工，字形更为方整，笔画增加波折和挑法，完全脱离了篆书的影响。

小篆结束了秦以前的"古文"形体，隶书进一步使汉字定型化，汉以后又出现了方块字形，方块字彻底地改变了象形字的原形。如许慎在《说文解字·叙》中所说，隶书出现后，"古文由此绝矣"。最早的汉字都是因形见义的，隶书却使汉字完全脱离了图画的形象，使用点、横、直、撇、捺、钩等笔画，笔画把象形变成为符号，使汉字由象形兼表意变为表意兼标音。变不规则的曲线为平直方整的笔画，且又改变了偏旁的形体，因而形体各异，完全改变了象形的面貌，使汉字成为"不象形的象形字"。篆书的笔画比较匀圆均整，用曲线来描画实物。隶书则加以规范化，把曲线改为向左或向右的方向和部位。这种向左或向右的固定笔画在篆书中是没有的。隶书的平直方整的笔画也改变了篆书的偏旁，使汉字的偏旁更加笔画化，某些原来不同偏旁的形体变为同样的偏旁，隶变以后的汉字，就形体而论，变成"不象形的象形字"；就声音来说，变成"不谐声的谐声字"。由于形体的改变，义符和声符都变了性质，隶书的出现促使篆书也逐渐转化为真书。

真 书

真书是继隶书之后的形体——与真书同时的还有行书、草书——更为众多的书法家在历史上出现——"永字八法"——"二王"在书法史上具有重要意义

不同时代有不同的字体，因不同用途也会出现不同的字体，这也是一个自然的趋势。对于我们影响最大而且又具有现实意义及使用价值的，是隶变以后两千年来流行的真书。

汉字形体发展到了唐代，出现了新的情况，随着经济的发展，政治的进步，文化的臻臻日上，出现了灿烂辉煌的局面。各种书法在前代的基础上有了更大的发展。由隋入唐的书法家虞世南（558—636）是一个杰出的代表。唐太宗（李世民）曾经称他为"五绝"：一曰德行，二曰忠直，三曰博学，四曰文词，五曰书翰。他在《笔髓论》的《释真》、《释行》、《释草》等篇中，对于真书、行书、草书都有所论述，在《书旨述》中，更论及历代书法的变迁。李世民（599—649）在《笔法诀》中对

于书法家在创作时的精神状态以及用笔的规则，更有具体的详细的论述。他在《论书》和《指意》中，更以自己的切身体会，提倡"临古人之书，殊不学其形势，惟在求其骨力。""字以神为精魄，神若不和，则字无态度也。"特别是在《晋书·王羲之传论》中，对王羲之予以高度评价，不仅在唐代，对于后来都有深刻影响。

字的点画，相当于图画的线条。汉字的笔画结构是逐步简化的。由甲骨文、金文发展为篆书，由篆而变为隶书，由隶变而成为真

图38　荐季直表

书，点画不断发生变化。在隶变中曾出现八分、章草；八分、章草也随汉代、魏、晋时代的钟繇（作品参见图38）、王羲之"隶书"而"各造其极"（唐张怀瓘《书断》）。钟、王真书和当时通行的真书一样，不过结构略为古拙一些，所以也有人把这种真书称为"今隶"。所谓"今隶"，在现在通行的钟、王书中，即为真书。真书是直接由隶书演变而来的，真书的结构与隶书基本相同。

隶书是怎样变成真书的？主要是书写时笔法的不同：一种是用隶书的笔法写真书，一种是用真书的笔法写隶书。用隶书的笔法写真书，即所谓章程书，又称"章楷"或"隶楷"。从字体看，是真书的形体，而不是隶书的形体。用真书笔法写出来的，钩挑显著，长形横画的末尾存有短促的波势，因此被称为

"楷隶"。不论"隶楷"或"楷隶",都是由隶书变为真书的过程中出现的字形。

真书的笔画,点、横、竖、撇、捺、挑、折、曲、钩,和隶书不同,这些笔画,书写没有定法,完全按照字形要求而变化。笔画是真书的基本符号。真书笔画向四面八方发展,很不匀称。真书即是由运用这些笔画组成,比隶书更为复杂。相传唐代书法家欧阳询(557—641)有《真书字体结构三十六法》,这三十六法即是真书结构的基本规律。按照这些结构规律,方块汉字笔画排列就必须更为整齐,上下、左右、正反、疏密、重叠,各种形状不同的字体、笔势也要随着笔画和结构的不同而发生变化,于是隶书演变而为真书。

南朝梁书法家庾肩吾(487—551)在《书品》中说:"寻隶体发源秦时,隶人下邳程邈所作,始皇见而奇之。以奏事繁多,篆字难制,遂作此法,故曰隶书,今时正书是也。"他认为"隶书"即是"正书"(真书)。唐代张怀瓘在《六体书论》中说:"隶书者,程邈造也。字皆真正,曰真书。大率真书如立,行书如行,草书如走,其于举趣盖有殊焉。"他也认为"隶书"即是当时的真书。真书自魏、晋以后,特别是自唐以来,成为汉字的主要字体。

在唐代曾经出现过所谓"字样",成为真书字体的主要样本。这是因为自汉以后,隶书向真书发展,笔画之间,时有讹变(或讹误)。晋代以后,俗体字、异体字、讹体字日渐增多。爱好书法并精于书法的唐太宗便在贞观年间命令秘书监颜师古在秘书省刊正经籍,校定字体,辨别讹误,录成样本,作为校正文字的准绳,当时被称《颜氏字样》。其后唐文宗(李昂)开成二年(837)唐玄度又作《新加九经字样》,辨正经传文字形体。

欧阳询在《传授法》中,说的就更为具体了:"每秉笔必在圆正,气力纵横重轻,凝神静虑。当审字势,四面停匀,八边具备;短长合度,粗细折中;心眼准程,疏密欹正。最不可忙,忙则失势;次不可缓,缓则骨痴;又不可瘦,瘦则形枯;复不可肥,肥则质浊。细详缓临,自然备体,此是最要妙处。"这是对于当时书写真书时用笔及结构较为详细的论述。真书至唐代已发展到了完备的阶段,书法艺术也达到更高的水平,出现了众多的书法家。欧阳询在《用笔论》中所采用对话的形式,说的就更加具体了。

甲骨文、金文都是按照实物形象用曲线来描画的,距今年代久远,不易辨认,更不易书写。篆书由曲线变为匀圆齐整的线条,比甲骨文、金文容易写,也容易认识。隶书把篆书匀圆齐整的线条,变为平直方整的笔画,不但容易写,而且更为容易认识了。由隶书发展变化而来的真书便是辗转相传,历史悠久,当今世界上独一无二的字体。真书自魏、晋以来,特别是自唐以来,成为汉字的主要形体。众多书法家大抵以真书这一艺术形式作为基础而又加以发展变化,因而形成各自的独特的风格。

在汉字形体变化发展过程中,与真书同时或互有先后,又出现了行书和草书。自魏、晋以来,特别是在唐、宋以后,在著名书法家作品中,真书、行书、草书又往往是并存的。

张怀瓘在《书议》中曾经指出:"夫行书,非草非真,离方遁圆,在乎季孟之间。兼真者,谓之真行;带草者,谓之行草。子敬(即王献之——引用者注)之法,非草非行,流便于草,开张于行,草又处其中间。无藉因循,宁拘制则;挺然秀出，务于简易；情驰神纵，超逸优游；临事制宜，从意适便。有若风行雨散，润色开花，笔法体势之中，最为风流者也。逸少（即王羲之——引用者注）秉真行之妙，子敬执行草之权，父之灵和，子之神俊，皆古今之独绝也。世人虽不能甄别，但闻二王，莫不心醉，是知德不可伪立，名不可虚成。然荆山之下，玉石参差，或价贱同于瓦砾，或价贵重于连城。其八分即二王之石也。"他以"二王"的书法为例，赞美行书的形体和风格之美。

清代书法家钱泳在《书学》中，又以唐太宗李世民、唐代北海太守李邕、宋代米芾等书法家为例，称赞真书、行书在历史上所起的作用。他说："古来书碑者，在汉、魏必以隶书，在晋、宋、六朝必以真书，以行书为碑者，始于唐太宗之《晋祠铭》，李北海继之。北宋之碑尚真行参半，迨米南宫父子一开风气，……，总之，长笺短幅，挥洒自如，非行书、草书不足以尽其妙；大书深刻，端庄得体，非隶书、真书不足以擅其长也。"

草书是在秦代兴起的，但在当时并未得到重视。东汉辞赋家赵壹更不赞成，他以传统的观点，曾作《非草书》一文，加以反对："夫草书之兴也，其于近古乎？上非天象所垂，下非河洛所吐，中非圣人所造。盖秦末刑峻网密，官书烦冗，战攻并作，军书交驰，羽檄纷飞，故为隶草，趋急速耳。示简易之旨，非圣人之业也。"但他在此文中也不得不承认："删难省烦，损复为单，务取易为易知，非常仪也。"草书在应用上甚为方便，是有其优点的，也有存在的价值。

关于草书，汉代书法家崔瑗在《草书势》中也有论述。西晋书法家卫恒在《四体书势》中，更举出了自汉以来的一些书法家，并说明他们的书体形态。他说："汉兴而有草书，不知作者姓名。至章帝时，齐相杜度，号称善作。后有崔瑗、崔寔，亦皆称工。杜氏杀字甚安，而书体微瘦；崔氏甚得笔势，而结字小疏。弘农张伯英者因而转精其巧，凡家之衣帛，必先书而后练。临池学书，池水尽墨。下笔必为楷则，常曰：'匆匆不暇草书'。寸纸不见遗，至今世犹宝其书。韦仲将谓之'草圣'。"他同时又引崔瑗的《草书势》说："书契之兴，始自颉皇，写彼鸟迹，以定文章。爰暨末叶，典籍弥繁，时之多僻，政之多权，官事荒芜，剿其翰墨，惟多佐隶，旧字是删。草书之法，盖又简略，应时谕指，用于卒迫，兼功并用，爱日省力，纯俭之变，岂必古式。观其法象，俯仰有仪，方不中矩，圆不副规，抑左扬右，兀若竦崎，兽跂鸟跱，志在飞移，狡兔暴骇，将奔未驰。"这就形象地说明草书的笔势和字体的变化不同于隶书的形态。草书在汉代即可视为与隶书同时并存且有进一步发展的书体。

南朝梁武帝萧衍（464—549）在《草书状》中也认为："昔秦之时，诸侯争长，简檄相传，望烽走驿。以篆、隶之难不能救速，遂作赴急之书，盖今草书是也。"他在《草书状》中，赞扬自古以来诸多著名的草书家，细致地描写草书的形态："疾若惊蛇之失道，迟若渌水之徘徊。缓则鸦行，急则鹊厉，抽如雉啄，点如兔掷。乍驻乍行，任意所为。或粗或细，随态运奇，云集水散，风回电驰。……厥体难穷，其类多容，婀娜如削弱柳，耸拔如袅长松，婆娑而飞舞凤，宛转而起蟠龙。……"他的这一些描写，更加引人入胜。

张怀瓘在《书议》中论及草书，又更进一步说到草书与真书的差别，并细致地描写草书的特点及其变化形态说："然草与真有异，真则字终意亦终，草则行尽势未尽。或烟收雾合，或电激星流，以风骨为体，以变化为用。有类云霞聚散，触遇成形；龙虎威神，飞动增势。岩谷相倾于峻险，山水各务于高深，囊括万殊，裁成一相。或寄以骋纵横之志，或托以散郁结之怀，虽至贵不能抑其高，虽妙算不能量其力。是以无为而用，同自然之功；物类其形，得造化之理。皆不知其然也。可以心契，不可以言宣。观之者，似入庙见神，如窥谷无底。俯猛兽之牙爪，逼利剑之锋芒。肃然巍然，方知事之微妙也。"

张怀瓘在《书断》中，又从书体的不断发展，并以张芝为例，说明他的草书及其与"二王"的关系。"草之书，字字区别，张芝变为今草，如流水速，拔茅连茹，上下牵连，或借上字之下而为下字之上，奇形离合，数意兼包，若悬猿饮涧之象，钩锁连环之状，神化自若，变态不穷。"他又说："字之体势，一笔而成，偶有不连，而血脉不断，及其连者，气候通其隔行。惟王子敬明其深指，故行首之字，往往继前行之末，世称一笔书，起自张伯英，即此也。……伯英虽始草创，遂造其极。伯英草书之祖也。"

对于草书的形体，在唐代以前，继张芝之后，西晋书法家索靖（239—303）又有进一步的发展。索靖是张芝之姊的孙子，继承张芝的笔法而又加以变革，当时对他的评价认为："精熟至极，索不及张；妙有余姿，张不及索。"索靖在《草书势》中从字体发展变迁以及草书形态的优美，论述草书的必然出现，他说："圣皇御世，随时之宜，仓颉既生，书契是为。科斗鸟篆，类物象形，睿哲通变，意巧滋生。损之隶草，以崇简易，百官毕修，事业并丽。盖草书之为状也，婉若银钩，漂若惊鸾，舒翼未发，若举复安。虫蛇虺蠓，或往或还，类婀娜以赢赢，欸奋膻而桓桓。及其逸游盼向，乍正乍邪，骐骥暴怒逼其辔，海水宓隆扬其波。芝草葡萄还相继，棠棣融融载其华。玄熊对踞于山岳，飞燕相追而差池。举而察之，又似乎和风吹林，偃草扇树，枝条顺气，转相比附，窈嬈廉苦，随体散布。纷扰扰以猗靡，中持疑而犹豫。玄螭狡兽嬉其间，腾猿飞鼬相奔趣。凌鱼奋尾，骇龙反据，投空自窜，张设牙距。……"他使用夸张的语言以描写自然界的形态，形容草书的形体和笔势，对于当时以及后来都曾发生过影响。很可惜！索靖的笔迹没有流传下来。

在唐代曾出现过草书家怀素和张旭。唐陆羽在《怀素别传》中存有《释怀素与颜真卿论草书》一节，其中说到草书的笔法。"怀素与邬彤为兄弟，常从彤受笔法。彤曰：'张长史私谓彤曰：孤蓬自振，惊沙坐飞，余自是得奇怪。草圣尽于此矣。'颜真卿曰：'师亦有自得乎？'素曰：'吾观夏云多奇峰，辄常师之，其痛快处如飞鸟出林，惊蛇入草。又遇坼壁之路，一一自然。'真卿曰：'何如屋漏痕？'素起，握公手曰：'得之矣。'"

张旭是唐代著名的草书家。韩愈在《送高闲上人序》中，曾谈到他作书时的情况："往时张旭善草书，不治他技。喜怒窘穷，忧悲、愉佚、怨恨、思慕、酣醉、无聊、不平，有动于心，必于草书焉发之。观于物，见山水崖谷，鸟兽虫鱼，草木之花实，日月列星，风雨水火，雷霆霹雳，歌舞战斗，天地事物之变，可喜可愕，一寓于书。故旭之书，变动犹鬼神，不可端倪，以此终其身而名后世。"韩愈在文中也生动地说明了张旭在他的草书中，借用他的笔法反映了外界事物各种动态，表现了他的内心不同的感受。

在虞世南和欧阳询之前，对于汉字的形体变迁，有所谓"永字八法"，以真书作为主要对象而加以论述，更涉及到书法艺术诸多方面。

相传为卫夫人（铄）所作的《笔阵图》中，已经谈到这个问题："凡学书字，先学执笔。……下笔点画波撇屈曲，皆须尽一身之力而送之。初学先大书，不得从小。善鉴者不写，善写者不鉴。善笔力者多骨，不善笔力者多肉；多骨微肉者谓之筋书，多肉微骨者谓之墨猪；多力丰筋者圣，无力无筋者病。一一从其消息而用之。

一　如千里阵云，隐隐然其实有形。

丶　如高峰坠石，磕磕然实如崩也。

丿　陆断犀象。

乁　百钧弩发。

丨　万岁枯藤。

乚　崩浪雷崩。

勹　劲弩筋节。

右七条笔阵出入斩斫图。……每为一字，各象其形，斯造妙矣，书道毕矣。"

相传为王羲之《题卫夫人<笔阵图>后》一文中，也说："夫欲书者，先乾研墨，凝神静思，预想字形大小、偃仰、平直、振动，令筋脉相连，意在笔前，然后作字。若平直相似，状如算子，上下方整，前后齐平，便不是书，但得其点画耳。"更是从真书的形体结构和用笔，来说明书法艺术的特点的。

相传为欧阳询所作的《八诀》（亦称《八法》）更具体地论述用笔、结体等问题：

"、 如高峰之坠石。
丶 似长空之初月。
一 如千里之阵云。
丨 如万岁之枯藤。
乚 劲松倒折，落挂石崖。
勹 如万钧之发弩。
丿 利剑截断犀象之角牙。
㇏ 一波常三过笔。"

他认为书法家必须："澄神静虑，端己正容，秉笔思生，临池志逸。虚拳直腕，指齐掌空，意在笔前，文向思后。分间布白，勿令偏侧。……四面停匀，八边具备，短长合度，粗细折中。……不可头轻尾重，无令左短右长。斜正如人，上称下载，东映西带，气宇融和，精神洒落。"具有这样的精神状态，才可作书。

欧阳询在《传授法》中又云："每秉笔必在圆正，气力纵横轻重，凝神静虑，当审字势。四面停均，八边具备；短长合度，粗细折中；心眼准程，疏密欹正。最不可忙，忙则失势，次不可缓，缓则骨痴；又不可瘦，瘦则形枯，复不可肥，肥则质浊。细详缓临，自然得体，此是最要妙处。"由"八法"详细地讲到字体结构和用笔方法。欧阳询是唐代具有开创性的书法家，他的影响是深远的，在唐代及其以后更具有重大的影响。相传他曾有《三十六法》，讲的更为详细。

《三十六法》，实际上不是欧阳询所作，而是在欧阳询之后，宋、元时代按照他的论点及体例进行更为详细的论述，对于汉字的形体结构和用笔基本上是根据"欧体"加以分析的。清代书法家戈守智（1720—1786）在他所著《汉溪书法通释》中，引用隋智永的《永字八法》、唐颜真卿《八法颂》、柳宗元《八法颂》及宋陈思《八法详说》，并以此为基础，进行补充和阐述。他的论述不免有些琐碎，但更为详细。他在论及结字的一章中，认为"结字之法，晋、唐既别，宋、元亦殊，要之各有巧处，传述不朽"。他认为《三十六法》可能参杂宋、元人的意见，但仍肯定了"欧、虞以王佐才，而精治一伎，故三十六条结构之法，大醇而无疵者也"。现代书法家邓散木先生在他的《欧阳结体三十六法诠释》一书中，又曾加以更为详细的诠释。

梁武帝（萧衍）的《观钟繇书法十二意》："平"、"直"、"均"、"密"、"锋"、"力"、"轻"、"决"、"补"、"损"、"巧"、"称"，论及字形大小、纵横、屈直、间隔、有余、不足、等等，"巧趣精细，殆同机神"，也涉及到"八法"问题。

颜真卿《述张长史笔法十二意》，也和"八法"有关。他以问答的形式，谈论字体结构及用笔问题，说到"执笔之法，攻书之妙"。张怀瓘在《玉堂禁经·用笔法》中，也谈到"永字八法"。他说："夫书之体，不可专执；用笔之势，不可一概。虽心法古，而制在当时，迟速之态，资于合宜。大凡笔法，点画八体，备于'永'字。""八法起于隶字之始，后汉崔子玉历钟、王已下，传授所用八体，该于万字。"现代书法家沈尹默先生在《书法论》中，更有详细的说明。他认为"八法"就是说构成汉字八种点画的写法，大略具备于"永"字之中，使用它来概括说明，使人容易记住。其实汉字的笔画，不止八种，所谓"永字八法"，则是一种概括的说法。沈先生的意见是正确的。

南北朝时代北朝书法家王愔曾著有《古今文字志目》三卷，其书今佚。据仅存目录，上卷收入自远古至当时（北朝）曾经存在过的汉字各体字形的"古书"（古代书法）共三十六种，中卷收入秦、汉至三国吴时书法家五十九人，下卷收入魏、晋时代书法家五十八人。这说明我国古代书法家的人数是众多的，同时也说明汉字形体是复杂多变的。形体的变化细致，由各种形体形成的艺术风格是丰富多彩的。

南北朝时代南朝宋书法家羊欣（370—442），著有《采古来能书人名》（或作《古来能书人名录》）一卷，收入自秦至晋书法家六十九人。对于这些书法家及其作品都有简要论述。其中包括秦李斯，汉蔡邕、杜度、崔瑗、张芝，魏、晋钟繇、王羲之、王献之……等人。这更说明对于古代书法传统，书法家及其作品，历代都是重视的。

南朝宋虞龢在《论书表》中，更有较为细致的论述："夫古质而今妍，数之常也；爱妍而薄质，人之情也。钟、张方之二王，可谓古矣，岂得无妍质之殊？且二王暮年，皆胜于少；父子之间，又为古今。子敬穷其妍妙，固其宜也。然优劣既微，而会美俱深，故同为终古之独绝，百代之楷式。"他认为历代书法家的成就是不同的，"质"、"妍"不同，是客观存在的现象，而"二王"同为"百代之楷式"，不应分出高下。这是一个公允的评价。

他在《论书表》中，进一步对于"二王"书法也有所评论。他认为："爻画既肇，文字载兴。'六艺'归其善，八体宜其妙。厥后群英间出，洎乎汉、魏，钟、张擅美，晋末'二王'称英。"这是较早的有关"二王"及其书法的评论，其后论书家每多以"二王"并称。虞龢在《论书表》中，对于"二王"的书法加以比较，并作出评论，但他的评论，不一定准确，由此也可以见到时论的一般。他认为："二王书，献之始学父书，正体乃不相似。至于绝笔章草，殊相拟类，笔迹流怿，宛转妍媚，乃欲过之。羲之书，在始未有奇殊，不胜庾翼、郗愔，殆其末年，乃造其极。尝以章草答庾亮，亮以示翼，翼叹服，因与羲之书云：'吾昔有伯英章草书十纸，过江亡失，常痛妙迹永绝，忽见足下答家兄书，焕若神明，顿还旧观。'"对于"二王"，他都很重视，没有分出高下。他在《论书表》中，又曾记载当时社会上关于王羲之的传闻或逸事。如"羲之性好鹅，山阴昙禳村有一道士，养好鹅十余，右军清旦乘小艇故往。意大愿乐，乃告求市易，道士不与，百方譬说不能得。道士乃言性好《道德（经）》，久欲写河上公《老子》，缣帛早办，而无人能书，府君若能自屈，书《道德经》各两章，便合群以奉。羲之便往半日，为写毕，笼鹅而归。"于此可见，王羲之的书法，在当时是普遍受到重视的。

南朝梁武帝在《观钟繇书法十二意》中，在极力推崇钟繇的同时，对于"二王"也给予较高的评价。"字外之奇，文所不书，世之学者宗二王，元常逸迹，曾不睥睨。羲之有过人之论，后生遂尔雷同。元常谓之古肥，子敬谓之今瘦。今古既殊，肥瘦颇反，如自省览，有异众说。张芝、钟繇，巧趣精细，殆同机神。肥瘦古今，岂易致意。真迹虽少，可得而推。逸少至学钟书，势巧形密，及其独运，意疏字缓。譬犹楚音习夏，不能无楚。过言不悒，未为笃论。又子敬之不迨逸少，犹逸少之不迨元常。学子敬者如画虎也，学元常者如画龙也。余虽不习，偶见其理，不习而言，必慕之欤。"

他在《古今书人优劣评》中，对于王羲之和王献之也都有所评论："王羲之书字势雄逸，如龙跳天门，虎卧凤阙，故为历代宝之，永以为训。""王献之书绝众超群，无人可拟，如河朔少年，皆悉充悦，举体沓拖而不可耐。"把"二王"相提并论。

南朝齐、梁时陶弘景（456—536）在他的《与梁武帝论书启》及又一篇《论书启》中，对王羲之则更加肯定。"逸少自吴兴以前，诸书犹为未称。凡厥好迹，皆是向在会稽时，永和十许年中者。从失郡告灵不仕以后，略不复自书，皆使此一人，世中不能别也。见其缓异呼为末年书。逸少亡后，子敬年十七八，全仿此人书，故遂成与之相似，今圣旨标题，足使众识顿悟。于逸少，无复末年之讥。"对于王羲之晚年书法，虽提出有代书者，但对于王羲之的法书仍是肯定的。①

早在南朝梁书法家袁昂（461—540）奉梁武帝之旨论书，在《古今书评》中，论及"二王"法书时有云："王右军书如谢家子弟，纵复不端正者，爽爽有一种风气。王子敬书如河洛间少年，虽皆充悦，而举体沓拖，殊不可耐。"他在论及众多的书法家中，对"二王"的评价，似乎是不高的？而对于其他魏、晋间的书法家则加以赞赏。然而，"二王"在当时已有很大影响，他也不得不加称赞："张芝惊奇，钟繇特绝，逸少鼎能，献之冠世。四贤共类，洪芳不灭。"

唐代孙过庭《书谱》（图39）有云："钟、张云没，而羲、献继之。"对于"二王"的评价则是公允的。在唐代张彦远的《法书要录》中，他引王羲之自论书云："'吾书比钟、张，钟当抗行，或谓过之。张草犹当雁行。张精熟过人，临池学书，池水尽墨，若吾耽之若此，未必谢之。'后达解者，知其评之不虚。"

---

① 清·朱和羹《临池心解》中有云："右军杂帖，多任靖代书。盖靖学于右军，大令又学于靖也。事见陶弘景与武帝论书启。然历代书家传记，多佚靖名，可知传与否，有幸有不幸。当时绝笔，后世湮没不著者，固已多矣。"这只是一种传闻或猜测，不足为据。

唐太宗李世民(599—649)在《笔法诀》中，以具体的字形为例，对于"永字八法"也有所论述。他在《王羲之传论》中，对历代书法家也有所评价，特别是对于王羲之更给予高度评价。《王羲之传论》有云："书契之兴，肇乎中古，绳文鸟迹，不足可观。末代去朴归华，舒笺点翰，争相夸尚，竞其工拙。伯英临池之妙，无复余踪；师宜（官）悬帐之奇，罕有遗迹。逮乎钟、王以降，略可言焉。钟虽擅美一时，亦为迥绝，论其尽善，或有所疑。

图39 孙过庭书谱

至于布纤浓，分疏密，霞舒云卷，无所间言。但其体则古而不今，字则长而逾制，语其大量，以此为瑕。献之虽有父风，殊非新巧。观其字势疏瘦，如隆冬之枯树；览其笔踪拘束，若严家之饿隶。其枯树也，虽槎枿而无屈伸；其饿隶也，则羁羸而不放纵。兼斯二者，固翰墨之病欤！子云近世擅名江表，然仅得成书，无丈夫之气。行行若萦春蚓，字字如绾秋蛇。卧王濛于纸中，坐徐偃于笔下。虽秃千兔之翰，聚无一毫之筋；穷万谷之皮，敛无半分之骨。以兹播美，非其滥名耶？此数子者，皆誉过其实。所以详察古今，研精篆素，尽善尽美，其惟王逸少乎！玩之不觉为倦，览之莫识其端。心摹手追，此人而已。其余区区之类，何足论哉。"李世民的论断影响很大，自此以后，便确立了王羲之在中国书法史上的崇高地位，成为书法的宗匠。

唐代书法家、书学理论家孙过庭在《书谱》中，首称"二王"之妙。"夫自古善书者，汉、魏有钟、张之绝，晋末有二王之妙。"在孙过庭之前，梁虞龢《论书表》也有"晋末，二王称英"的说法。孙过庭称赞"二王"，有可能来自虞龢的影响，赞同他的见解。然而，孙过庭在《书谱》中，更以自己学习"二王"的心得和体会，形容书法形体之美。他说："余志学之年，留心翰墨，味钟、张之余烈，挹羲、献之前规，极虑专精，时逾二纪，有乖入木之术，无间临池之志。观夫悬针垂露之异，奔雷坠石之奇，鸿飞兽骇之姿，鸾舞蛇惊之态，绝岸颓峰之势，临危据槁之形；或重若崩云，或轻如蝉翼；导之则泉注，顿之则山安，纤纤乎似初月之出天涯，落落乎犹众星之列河汉；同自然之妙有，非力运之能成；信可谓智巧兼优，心手双畅，翰不虚动，下必有由：一画之间，变起伏于峰杪；一点之内，殊衄挫于豪芒。"孙过庭继李世民之后，以自己的深切体会，深入细致地论述书法艺术之美，更热情地传播王羲之的书艺。他在《书谱》中，盛赞："右军之书，代多称习，良可据为宗匠，取立指归。岂惟会古通今，亦乃情深调合。致使摹搨日广，研习岁滋，先后著名，多从散落；历代孤绍，非其效与？试言其由，略陈数意：止如《乐毅论》（图40）、《黄庭经》、《东方朔画赞》（图41）、《太师箴》、《兰亭集序》、《告誓文》斯并代俗所传，真行绝致者也。"他在《书谱》中，又云："写《乐毅》则情多怫郁；书《画赞》则意涉瑰奇；《黄庭经》则怡怿虚无；《太师箴》又纵横争折。暨乎兰亭兴集，思逸神超；私门诫誓，情拘志惨。所谓涉乐方笑，言哀已叹。岂惟驻想流波，将贻啴嘽之奏；驰神睢涣，方思藻绘之文。……"他更是具体地也更细致地论述王羲之书法艺术的精美。

张怀瓘在《书断》中对于王羲之的评论，则是更为具体，把

图 40 乐毅论　　　　图 41 东方朔画赞

他与历代书家相比,"研精体势,无所不工",称之为"登峰造极"。对于王羲之的生平也有较详细的论述:"王羲之字逸少,瑯瑘临沂人。祖正,尚书郎。父旷,淮南太守。逸少骨鲠高爽,不顾常流,与王承、王悦为王氏三少。起家秘书郎,累迁右军将军、会稽内史。初度浙江,便有终焉之志,升平五年卒,年五十九,赠金紫光禄大夫加常待。尤善书,草、隶、八分、飞白、章、行,备精诸体,自成一家法,千变万化,得之神功,自非造化发灵,岂能登峰造极。然剖析张公之草,而浓纤折衷,乃愧其精熟;损益钟君之隶,虽运用增华,而古雅不逮。至研精体势,则无所不工,亦犹钟鼓云乎,《雅》《颂》得所。观夫开襟应务,举养由(基)之术,百发百中,飞名盖世,独映将来,其后风靡云从，世所不易，可谓冥通合圣者也。隶、行、草书、章草、飞白俱传神，八分入妙。妻郗氏甚工书。有七子，献之最知名，玄之、凝之、微之、操之并工草隶，凝之妻谢道韫有才华，亦善书，甚为舅所重。"

他在《六体书论》中，又云："若乃无所不通，独质天巧，耀古抗今，百代流行，则逸少为最。"更全面地给予王羲之以崇高的评价。

张怀瓘在《书断》中对于王献之也曾加以评论。有云："献之字子敬，逸少第七子，累迁中书令，卒。初娶郗昙女，离婚，后尚新安愍公主，无子，唯一女。后立为安僖皇后，后亦善书。以后父追赠侍中，特进光禄大夫、太宰。尤善草隶，幼学于父，次习于张，后改变制度，别创其法，率尔私心，冥合天矩，观其逸志，莫之与京。至于行草，兴合如孤峰四绝，迥出天外，其峻峭不可量也。尔其雄武神纵，灵姿秀出，……或大鹏抟风，长鲸喷浪，悬崖坠石，惊电遗光，察其所由，则意逸乎笔，未见其止，盖欲夺龙蛇之飞动，掩钟、张之神气，惜其阳秋尚富，纵逸不羁，天骨未全，有时而琐。人有求书，罕能得者，虽权贵所逼，靡不介怀。偶其兴会，则触遇造笔，皆发于衷，不从于外，亦由或默或语，即铜鞮伯华之行也。……子敬五六岁时学书，右军潜于后掣其笔不脱，乃叹曰：'此儿当有大名。'遂书《乐毅论》与之，学竟，能极小真书，可谓穷微入圣，筋骨紧密，不减于父。如大字则尤直而少态，岂可同年。唯行、草之间，逸气过也。及论诸体，多劣于右军。总而言之，季孟差耳。子敬隶、行、草、章草、飞白五体俱入神，八分入能。或谓小王为小令，非也。子敬为中书令，太康十一年卒于官，年四十三。"他在《六体书论》中，对于"二王"也有时并列，加以论述:"钟繇法于大篆,措思神妙,得其古风。亦有不足,伤于疏瘦。王羲之比钟繇,锋芒峻势多所不及。于增损则骨肉相称,润色则婉态妍华,是乃过也。王献之远减于父,锋芒往往直笔而已。锋芒者若犀象之有牙角,婉态者若蛟龙之恣盘游。夫物负阴而抱阳,书亦外柔而内刚,缓则乍纤,急则若灭,修短相异,岩谷相倾,崄不至崩,鈌不至失,此其大略也。"他在《书议》中,又云:"逸少秉真行之要,子敬执行草之权,父之灵和,子之神骏,皆古今独绝也。世人不能甄别,但闻二王,莫不心醉。"对于"二王"的评价,虽不完全一致,但在当时以及后来都引起了重视。对于"二王"的书法艺术,评论更多起来了。

唐张彦远《法书要录》中说:"隋释智永云《乐毅论》者,正书第一,梁世摹出,天下珍之,……陈天嘉中,人得之以献文帝,帝赐始兴王,……始兴薨后,仍属废帝。废帝既没,又属余杭公主。以前王所重,恒加宝爱,陈氏诸王,皆求不得。及天下统一,四海同文,(智)永处处追寻,累载方得。此书留意运工,特尽神妙。"

唐褚遂良揭本《乐毅论》有云:"贞观十二年四月九日,奉敕内出《乐毅论》,是右军真迹,令直弘文馆冯承素临写,赐司空长孙无忌、房玄龄、高士廉、侯君集、魏徵、杨师道六人。于是在外乃有六本。笔势精妙,务尽楷则。……"

在王羲之留传下的法书中,《兰亭集序》更受到特别重视。唐何延之《兰亭记》有云:"《兰亭》者,晋右军会稽内史琅琊王羲之字逸少所书之诗序也。右军蝉联美胄,萧散名贤,雅好山水,尤善草隶,以晋穆帝永和九年暮春三月三日宦游山阴,……修祓禊之礼,挥毫制序,兴乐而书,……遒媚劲健,绝代更无。

凡二十八行，三百二十四字，有重者，皆构别体。就中'之'字最多，乃有二十许个，变态悉异，遂无同者。……右军亦自珍爱宝重此书，留付子孙。传至七代孙智永；永是右军第五子微之之后，故独传家法，为隋唐间诸家所师。其书付弟子辨才。太宗闻之，令萧翼计取入大内。太宗崩，遗命入昭陵，真迹遂亡。太宗初得真迹，命供奉搨本人赵模、韩道政、冯承素、诸葛贞等四人，各搨数本，以赐太子以下诸王近臣，……。今赵模等所搨在者，一本高值数万钱也。"

宋欧阳修在《集古录》中也有记载："兰亭修禊序，世所传本尤多，而皆不同，盖唐数家所临也。其转相传模，失真弥远，然时时犹有可喜处，岂其笔法或得其一二耶？想其真迹宜何如也哉！世言真本葬在昭陵，唐末之乱，昭陵为温韬所发，其所藏书画，皆剟取其装轴金玉而弃之，于是魏、晋从来诸贤墨迹，遂得流落于人间。太宗皇帝（宋太宗赵匡义——引用者注）购募所得，集以为十卷，俾模传之，数以分赐近臣，今公卿家所有法帖是也。然独兰亭真本亡矣，故不得列于法帖以传。今予所得，皆人家旧所藏者，虽笔画不同，聊并引之，以见其各有所得。至于真伪优劣，览者当自择焉。"

自魏、晋以来，一般士人对于书法都是有相当修养的。南朝书法家王僧虔（426—485）在《论书》中，对于王羲之家族中许多人的书艺，如王廙、王洽、王泯、王导……等人，都有所论述。此外当时还有其他一些书家如谢安、羊欣等人也都是精于书艺的。他在《又论书》中，对于王羲之也加以赞誉。

晋代书法家甚多，士族人士多习书法，当时几乎成为一种风气。唐窦臮《述书赋》有所谓"博哉四庾，茂矣六郗，三谢之盛,八王之奇"。"四庾",即庾怪、庾亮、庾翼、庾准;"六郗",即郗鉴、郗愔、郗昙、郗恢;"三谢",即谢尚、谢奕、谢安;"八王",即王导、王劭、王恬、王洽、王珉、王羲之、王献之、王廙。他们都是晋代士家大族中能书之人。由此可见,"二王"的出现决不是偶然的,他们则是其中最为杰出的代表人物。

近代书法家胡小石先生在《书艺略论》中,对于"二王"也有所评论:"羲之变章为草,其源来自章,则自西汉以至张芝、卫瓘、索靖、陆机等各家之章草皆其所据之遗产。而羲之省章波挑,简化以为今草,其风亦非其独创,而实自西晋开之。今观西陲简牍中西晋人诸书笺,已俨然今草,而其书人,皆非后世知名大家,其时民间早已有此一种风气,为羲之所依据,更勤劳加工,发挥旁通,因得成一代之典型。……羲之草书虽不尚波磔,然体犹近章。献之源出其父,席丰履厚,又变其父上下不甚相连之草,往往一笔贯数字,如《中秋帖》(图42)《鸭头丸帖》(图43),生面别开。""二王"的书法艺术有其历史渊源,胡先生的论述是有见地的。

图42 中秋帖

图43 鸭头丸帖

图 44 九成宫碑　　　　　图 45 化度寺碑

　　自"二王"以来，特别是从唐代开始，出现了众多杰出的书法家，他们以真、行、草书法艺术，在汉字形体变迁史上，表现出各种不同的风格，其中"二王"的影响是深远的。在虞世南之后，欧阳询是一个由陈入唐的重要人物。

　　欧阳询（557—641），字信本，潭州临湘（今湖南长沙）人，唐太宗时曾经官至太子率更令、弘文馆学士，又封渤海县男。贞观十五年卒，年八十五岁。他的传世碑刻著名的且流行较广的有《九成宫醴泉铭》（图44）、《化度寺碑》（图45）、《虞恭公温彦博碑》（图46）、《皇甫诞碑》等；行书墨迹有《张翰》（图47）、《卜商》（图48）、《梦奠》（图49）等帖。

　　欧阳询的儿子欧阳通也是一个书法家，传世碑刻有《道因

图46　虞恭公碑

图47　张翰帖

图48　卜商帖

图49　梦奠帖

图50 道因法师碑　　图51 雁塔圣教序

法师碑》（图50）、《泉男生墓志》。

　　褚遂良(596—658)，字登善，钱塘（今属浙江杭州）人。唐太宗时曾任起居郎、谏议大夫、中书令，曾受太宗遗诏辅政。唐高宗即位，任吏部尚书、左仆射、知政事、封河南郡公。他因反对唐高宗立武氏为后，被贬为潭州都督，后又贬桂州、爱州。显庆三年卒，年六十三岁。传世碑刻有《雁塔圣教序》（图51）、《孟法师碑》等。

　　在初唐，另一位著名书家是薛稷。薛稷（649—713）字嗣通，蒲州汾阴（今山西万荣）人。唐睿宗（李旦）时曾官至太子少保、礼部尚书。他从外祖父魏徵家中看到虞世南、褚遂良的法书，因此专心临摹，由此得名。他的书法得力于褚遂良之处甚多。当时认为："买褚得薛，不失其节。"人们把他与欧阳询、虞世南、褚遂良并列，因此有"欧、虞、褚、薛"四大书家

图52 信行禅师碑　　图53 孔子庙堂碑

之称。他的传世碑刻有《信行禅师碑》(图52)等。

在初唐"四大家"中,虞世南是以隋僧智永为师,直接承受王羲之的笔法的。他的书法,外柔内刚,不露锋芒。他的真迹今已无存,现在能看到的,只有《孔子庙堂碑》(图53)、《破邪论》的拓本。《汝南公主墓志》,有人认为是他的墨迹,尚无确证。欧阳询的书法也是学"二王"的。初学王羲之,其后从平正中出险劲,因此,成为"欧体"。他的儿子欧阳通的书法,虽然说是学习他的笔法,却又含有隶书意味。现存的褚遂良的法书,也是从学习王羲之来的。在他的碑刻中,也多呈现出隶书的笔意。他曾经亲眼看到过王羲之的大批真迹,这些真迹在当时是能够看到的。相传他曾为唐代宫中所藏王书真迹鉴定真

伪。王羲之运用隶法，写出真、行、草各体，褚遂良的书法是接受了这一影响的。薛稷的书法则是从学习褚书中得来。

孙过庭，字虔礼，唐代书法家和书法理论家，吴郡（或作富阳）人。曾官率府录事参军，有草书《书谱》真迹传世。他在《书谱》中，盛赞"二王"，并认为自己深得"二王"法书之妙。《书谱》是他论述真书和草书字体的重要著作。言简意赅，笔法精妙，对于"二王"的论述颇多创见。书中有云："夫自古之善书者，汉、魏有钟、张之绝，晋末称二王之妙。"有人认为此书乃《书谱》之"序"，而非全书。今人朱建新先生作《孙过庭<书谱>笺证》一书，予以辨证。马国权先生有《书谱译注》一书，仍认为是一篇序言。

稍后于初唐四家及孙过庭的唐代书法家，有李邕。李邕(678—747)，字泰和，扬州江都人。他是为《文选》作注的李善之子，一个为官正直的人。初为谏官，曾上书反对过武则天的佞臣张昌宗兄弟，后在仕途中几经升沉，在唐玄宗（李隆基）开元三年，升为户部侍郎，不久又被贬为括州司马。后来升为陈州刺史，却被人诬告贪污，判为死罪。减死，贬钦州遵化县，后放回，累转括、淄、滑三州刺史。但又被诬陷，天宝初年贬为北海太守。天宝五年，又被诬陷，死在狱中。他取法"二王"，用行书笔法写碑，传世的有《麓山寺碑》（图54）、《云麾将军李思训碑》（图55）等碑刻。

与李邕同时或稍后的唐代书法家有张旭和释怀素。张旭，字伯高，吴（今苏州）人。曾官金吾长史，精通真书、草书。真书传世作品有《郎官厅壁记》（图56），不过张旭以草书最为有名。相传张旭往往饮酒大醉，大醉之后，奔走狂呼，然后落笔，故被称为"张颠"。现存墨迹有草书《古诗四帖》（图57）。

图54　岳麓寺碑

图55　李思训碑

图56　郎官厅壁记

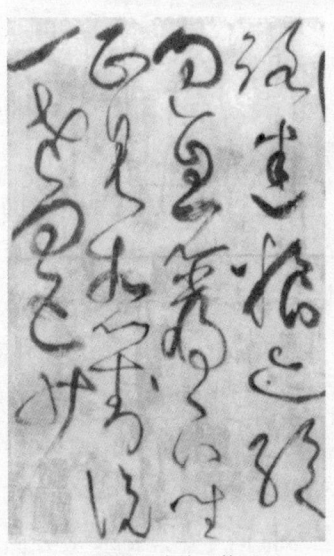

图57　古诗四帖

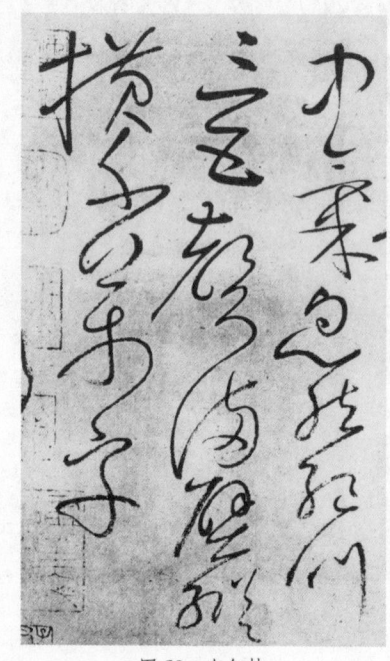

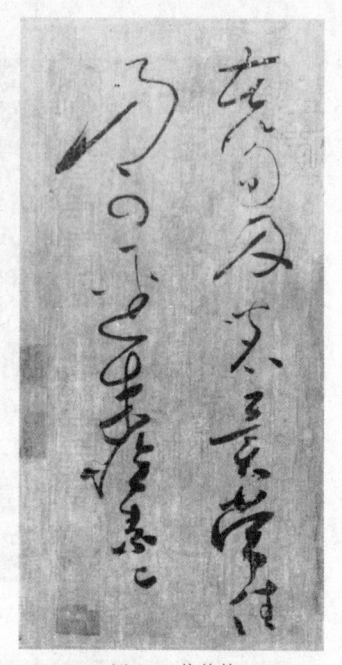

图 58 自叙帖　　　　　图 59 苦笋帖

怀素（725—785），字藏真，和张旭是同时代人。他继承并发展了张旭的草书。他本姓钱，长沙人。好饮酒，也以狂草著名。相传他用笔如旋风，飞动圆转，变化多端。他曾和张旭以"颠张醉素"并称。现存墨迹有《自叙》（图58）、《苦笋》（图59）等帖。

唐代书法家中,给予后来影响最大的是颜真卿。颜真卿(709—785)，字清臣，京兆万年（今陕西西安）人。他经历玄宗、肃宗、代宗、德宗四朝，是盛唐和中唐之交的书法家。他的书法艺术在当时以及后来都有很大的影响，继"二王"之后，把书法艺术推向一个新的发展方向。唐玄宗开元二十二年（734）举进士，任殿中侍御史，为官正直，因此遭到权奸杨国忠的排斥，

图60 多宝塔碑　　　　　　　图61 麻姑仙坛记

出为平原太守。安禄山起兵反唐时,他与从兄常山太守颜杲卿进行抵抗。他的侄儿季明(杲卿之子)往来常山、平原之间联络。常山陷落,杲卿骂贼而死,季明也被杀害。颜真卿在万分悲痛之中,曾写下了《祭侄季明文稿》。唐肃宗(李亨)至德二年(757),他被任命为兵部尚书,后又历官至吏部尚书,太子太师,封鲁郡开国公,因此被称为"颜鲁公"。德宗(李适)建中四年(783),李希烈发动叛乱,他被派往劝谕,为李希烈缢死,年七十七岁。他的书法初学褚遂良,后又从张旭得笔法。真书端庄雄伟,气势开阔;行书遒劲勃郁,开创了崭新的风格。在当时以及后来影响都很大,被称为"颜体"。碑刻有《多宝塔碑》(图60)、《东方朔画赞》、《麻姑仙坛记》(图61)、《颜家庙碑》

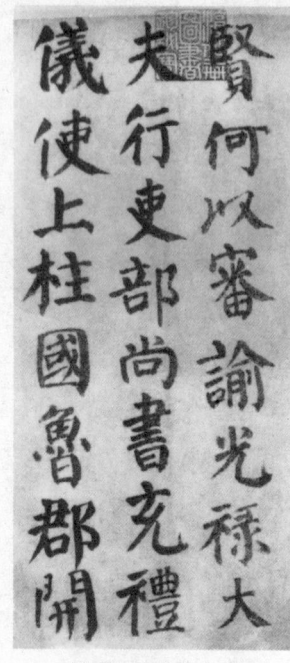

图 62　自书告身帖 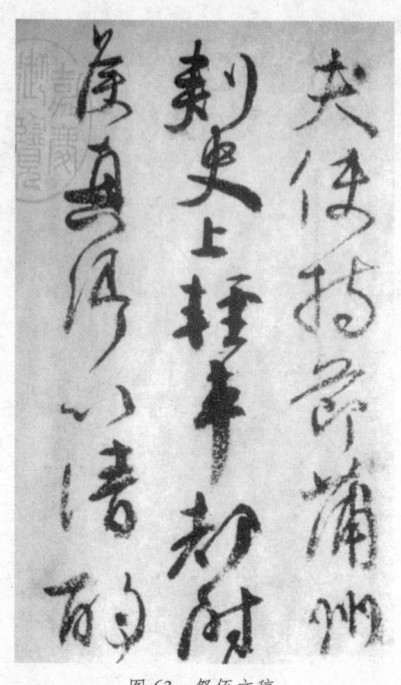　　　　图 63　祭侄文稿

等。行书有《争坐位帖》，真迹有《自书告身帖》（图 62）及《祭侄文稿》（图 63）等。

"颜体"的影响很深远，从宋代起一直到现代。宋苏轼认为：《东方朔画赞》是学王羲之的。《麻姑仙坛记》、《颜家庙碑》可称为典型的"颜体"，达到了艺术上的完整与成熟，在继承"二王"传统之外，又有新的创造。《祭侄季明文稿》，是他追祭侄儿季明的草稿。在安禄山叛乱时，常山被叛军攻陷后，杲卿父子被俘，先后遭到杀害。肃宗乾元元年（758），颜真卿派人到河北寻访杲卿一家下落，在常山寻得季明的尸骨，便作文致祭。在悲痛而又激愤之中，写下了这篇千载之下犹激动人心的草稿。元代书法家鲜于枢认为"英风烈气，见于笔端"，这是一件我国

图64 玄秘塔碑　　　　　图65 神策军碑

书法艺术史上的珍品。

　　稍后于颜真卿的唐代书法家有柳公权。柳公权(778—865)，字悬诚，京兆华原（今陕西耀县）人。元和初年擢进士第，曾官右拾遗，侍书学士。虽说是一个侍候皇帝写字的人，却也关心朝政，敢于直言亟谏。经历穆宗（李恒），敬宗（李湛）、文宗（李昂）三朝。传说穆宗曾问他用笔的办法。他说："心正则笔正，乃可法矣。"当时成为"笔谏"美谈。他的书法与颜真卿并称，被称为"颜柳"。他虽然也是学习"二王"的，却形成了自己的劲健清瘦的特色。碑刻有《玄秘塔碑》（图64）、《神策军碑》（图65）等，墨迹有《送梨帖题跋》。

　　"二王"的影响到了"颜柳"时期，可以说逐渐演变为各自的面目了。"颜柳"可以说是"二王"之后书法艺术的顶峰,从此便逐步变化发展。由唐转入"五代"——梁、唐、晋、汉、周,没有出现过什么著名的书家,只有一个杨凝式,外号叫做"杨疯子"。杨凝式(873—954),字景度,陕西华阴人。历仕五朝,官至太子太保。他生活在那个时代,战乱极为频繁,社会秩序十分混乱。五十年间,接连换了五个小朝廷。而他却身居高位,虽然屡请"致仕",但却不可能远离

图66 丰乐亭记

这样混乱的局面,只好装疯卖傻,应付这样的局面,因而被人们称为"杨疯子"。他的书法和"二王"的传统是不同的,因而形成了自己的面目;因此也得到当时和后来的某些人欣赏。他没有留下更多的作品,仅以墨迹《韭花帖》见称。

汉字书法艺术发展到了宋代,别开了新的面目。在宋代出现了"苏、黄、米、蔡"四大家:苏轼、黄庭坚、米芾、蔡襄,事实上当然不止这四个著名的书法家。此外还有不少书法家,他们也留下了精美的书法艺术作品,但影响最大的则是这"四大家"。

苏轼(1037—1101),字子瞻,眉州眉山(今属四川)人。他不但是一个书法家,同时更是文学家,在文学上有着巨大的成就;他也是政治家,终生关心国家大事,从事多方面的政治活动。他留下的墨迹甚多,如《丰乐亭记》(图66)、《醉翁亭记》等,其中以《前赤壁赋》(图67)较为著名。

图 67　前赤壁赋　　　　　　　图 68　松风阁诗

黄庭坚（1045—1105），字鲁直，别号山谷道人，因此又被称为"黄山谷"，洪州分宁（今江西修水）人。他也是一个诗人，出于苏轼门下，与苏轼并称"苏黄"。擅长行、草，纵横奇倔，形成自己的风格。人们说他不像"二王"，而他自己说"这才是真'二王'"。意思是说，不要描画"二王"的字形，而要有自己的面目。他流传下来的墨迹甚多，主要的有《松风阁诗》（图68）等。

米芾（1051—1107），字元章，襄阳人。曾官太常博士，又曾官为书画博士，擢礼部员外郎。他有一些怪癖，因此被称为"米颠"。他主张学书要看真迹，不要临写拓本。他可能从历代众多书法名家的书艺中，悟出了这个道理，因而形成了自

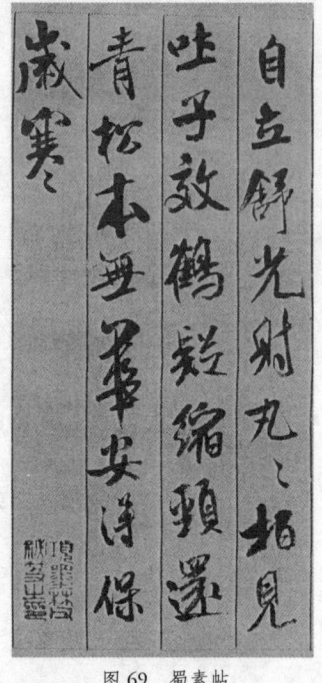

图69 蜀素帖

己的独特风格。他的字迹有《蜀素帖》（图69）及尺牍、题跋等。

蔡襄（1012—1067），字君谟，兴化仙游（今属福建）人。官至端明殿学士，在宋代书法家中，为仕途显赫人物。碑刻有《万安桥记》，墨迹有《谢赐御书诗》等。

在宋朝曾经有一个所谓"瘦金体"。这虽然是宋朝皇帝赵佶（宋徽宗）写的字，但对于字体变迁的影响似乎不大，或者说没有发生什么影响，随着他投降金朝以后，就没有人提起了。

在元代书法家中，赵孟頫和鲜于枢是有代表性的。赵孟頫（1254—1322），字子昂，吴兴人。他在宋朝曾经做过小官——真州司户参军。宋亡后，接受元朝的征诏，成为新朝的显贵。元世祖忽必烈特别看中他，说他是"神仙中人"。至元二十四年（1287），被任命为奉训大夫兵部郎中，二十九年出任同知济南路总府事。元成宗时升任集贤直学士；元武宗至大三年（1310）被任命为翰林侍读学士；元仁宗时任集贤侍讲学士，延祐三年（1316），拜翰林学士承旨，荣禄大夫。元英宗至治二年（1322）卒，年六十九岁。他历任四朝，在仕途上可谓相当显达。因此，他流传下来的墨迹甚多，如《胆巴碑》、《妙严寺》、《三门记》以及《陋室铭》（图70）等，他的作品也得到不少士人欣赏。

鲜于枢（1256—1301），字伯机，又号困学山民，大都（今

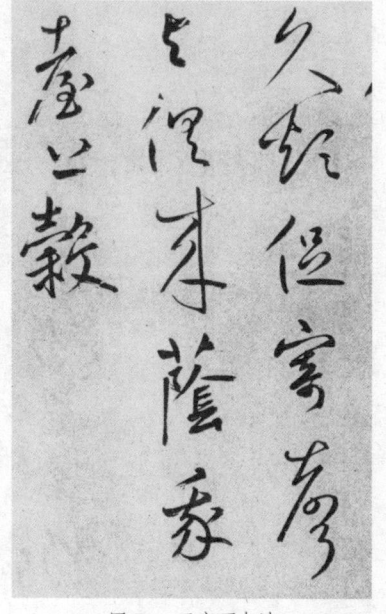

图 70　陋室铭　　　　　　　　图 71　王安石杂诗

北京）人。他是和赵子昂同一时期的书法家，但他的书法艺术的风格和赵子昂不同，笔力雄健有力，《王安石杂诗》（图71）是他的著名墨迹。

在明清时代，曾经出现过所谓"台阁体"，这对于汉字形体的演变，影响不大，或者说没有什么积极影响，而在书法艺术上却留下了一些消极的影响。以写字作为进身之阶，走升官发财捷径的人甚多，最为特出的例子，是明朝的张瑞图。他是当时身居要职的太监魏忠贤的干儿子。他因与义父魏忠贤有着密切的关系，便做到身为宰相的高官。他为魏忠贤生祠写了许多碑文，却没有流传下来。这是一个极端的例子。在这一个时期，给予后来以较为深远影响的，则是祝允明、文徵明、董其昌等人。他们的书法艺术作品流传下来的很多，给予现代书法家的影响是积极

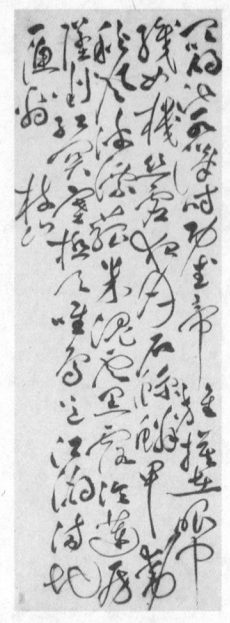

图72 七律诗轴 　　图73 七律诗轴 　　图74 楷书千字文

的。祝允明（1460—1526），字希哲，号枝山，长洲（今江苏吴县）人。他在真书、行书、草书方面都留下了较好的作品（参见图72）。文徵明（1470—1559），初名璧，字徵明，后以字行，也是长洲人。当时人们往往把他和祝允明并称，而他的书法尤以行书见长（参见图73）。董其昌（1555—1636），字玄宰，华亭（今上海市松江）人。他自称学书时曾深受唐代书家的影响，但却有他自己的面目。他虽然离开"二王"时代较远，但"二王"对他的影响，从他的作品中我们是可以感觉得到的（参见图74）。

清代包世臣、康有为虽然"尊碑"，但没有留下什么像样的作品。只有邓石如的成就较高，影响很大。邓石如(1743—1805)，初名琰，字顽伯，别号完白山人，安徽怀宁人。他在篆书和隶书创作方面，为我们留下了不同于前人的新面目。

简　化

文字必须改革——书法艺术将永远流传下去

"将文字交给大众"，这1934年鲁迅在《门外文谈》中提出来的，实际上，这是他的一贯主张。1926年，他在厦门大学讲授中国文学史时，在他编写的讲义——《中国文学史略》（1927年在广州中山大学授课时，又改名为《古代汉文学史纲要》，收入《鲁迅全集》时，定名为《汉文学史纲要》）第一篇《自文字至文章》，探讨中国文学起源时，即已明确指出："要之文字成就，所当绵历岁时，且由众手，乃得流行，谁为作者，殊难确指，归功一圣，亦凭臆之说也。"[①]他认为：文字是人民大众共同创造的，且在大众中流行，并将交给大众。

鲁迅在《门外文谈》中，又曾以近代中国文字变迁为例，写道：

"将文字交给大众的事实，从清朝末年就已经有了的。

[①]见《鲁迅全集》第9卷第344页。

'莫打鼓,莫打锣,听我唱个太平歌……'是钦颁的教育大众的俗歌;此外士大夫也办过一些白话报,但那主意,是只要大众听得懂,不必一定写得出。《平民千字课》就带了一点写得出的可能,但也只够记账、写信。但要写出心里所想的东西,它那限定的字数是不够的。……"①

《平民千字课》,是当时教育界进步人士为普及大众文化而编写的识字读本,在清末民初颇为流行。在清朝官吏当中,也有主张把汉字简化的,著名的有劳乃宣、王照两人。劳乃宣(1843—1921),浙江桐乡人,清末任京师大学堂总监督兼学部副大臣。他根据王照的《简字全谱》,提出汉字简化问题。王照(1859—1933),河北宁河人,也曾在清朝为官,清末主张变法维新,戊戌政变失败,被革职查办,逃往日本,后在1900年化装回国。他著有《官话合声字母》。1913年北洋政府教育部在北京召开"读音统一会",他们二人都被邀请。"劳乃宣和王照他们两位都有简字,进步得很,可以照音写字了。民国初年,教育部要制字母,他们俩都是会员,劳先生派了一位代表,王先生是亲到的。……几经斟酌,制成了一种东西,叫作'注音字母'。那时很有些人,以为可以替代汉字了,但实际还是不行,因为它毕竟不过简单的方块字,恰如日本的'假名'一样,夹上几个,或者注在汉字的旁边还可以,要它挂帅,能力就不够了。写起来会混杂,看起来要花眼。那时的会员们叫它为'注音字母',是深知它的能力范围的。"②

---

①见《鲁迅全集》第6卷第95页。
②见同上。第95~96页。

稍后于"注音字母"的，是"国语罗马字"。1923年，赵元任在《国语罗马字的研究》等论文中，提出汉字采用罗马字（拉丁字母）拼音的问题。他为了改革汉字，曾经制订了国语罗马字的25条原则和一个国语罗马字方案的草稿。当时其他文字学家也表示赞成，并要求与"注音字母"同时推行。当时曾经出版过数量很少的国语罗马字识字课本、教材等读物，但没有在学校及社会上流行。鲁迅在《门外文谈》中说："好像那拼法还太繁。要精密，当然不得不繁，但繁得很，就又变了'难'，有些妨碍普及了。最好是另有一种简而不陋的东西。"①

鲁迅认为"中国语书法之拉丁化"就是较好的办法。"它只有二十八个字母，拼法也容易学。'人'就是Rhen，'房子'就是Fangz，'我吃果子'是Wo ch goz，'他是工人'是Ta sh gungrhen。现在华侨里实验，②见了成绩的，还只是北方话。但我想，中国究竟还是讲北方话——不是北京话——的人们多，将来如果真有一种到处通行的大众语，那主力也恐怕还是北方话罢。为今之计，只要酌量增减一点，使它合于各该地方所有的音，也就可以用到无论什么穷乡僻壤去了。"③

人们认识文字或使用文字，要求形体简便，容易书写也容易辨认，这是很自然的。可是汉字在创始的最初阶段，由图画演变而来的象形字，都是描画物体的形象，不是写字而是画画，那是既不容易书写又不容易辨认的。人们——尤其是不识字的人民大众，要求简化汉字的形体，首先使它在认识上，同时也

---

① 见《鲁迅全集》第6卷第96页。
② 指1929年瞿秋白在当时苏联远东地区试行的中国汉字拉丁化。他曾著有《中国拉丁化的字母》及《新中国文草案》，主张汉字采用拉丁字母拼写。见1989年人民文学出版社出版的《瞿秋白文集》第3卷第349~586页。
③ 见《鲁迅全集》第6卷第96页。

在书写上和使用上简明扼要，避免繁难，这是合理的。

不论属于哪种文字，总是有一定形体的；不论哪一种形体，总是要发生变化的。汉字形体不断发生变化，这也是很自然的。在不太长的时间之内，随时产生不太大的变化，这是正常的情况。例如，在甲骨文、金文里面表示同一事物，出现不同的字形，一个字可以有几种以至几十种不同的写法，即所谓"异体字"，这是汉字最初出现的情况。但也有经历了较长的时间之后，字形才发生较大的显著变化的，例如，由篆书变为隶书，隶书变为真书，经历的时间就比较长些。没有一定字形或形体不发生变化的文字是不存在的。汉字不论形意文字或意音文字都是以形体为基础的，与以声音为基础的拼音文字是不同的。为了发挥文字表达语言的作用，在形体方面经常要求变化，即要求简化，这是正常的情况。

早在甲骨文、金文中就有简化字了，发展到篆书时期，又出现了更多的简体字。可以说，篆书便是甲骨文、金文的简化。篆书变成隶书，隶书变成真书，这是汉字进一步简化。在甲骨文、金文、篆书、隶书中有简体字，在汉魏六朝的碑刻、简册，唐代的写经中，都有简体字。宋代及宋以后，由于印刷术的推行，简体字由碑刻和手写转到雕版印刷上，更扩大了范围。到了近代，太平天国在文书上以及印玺上都使用简体字，简化的范围就更为广泛了。

在现代文字改革工作中，钱玄同先生作出了重要的贡献。1922年，他在国语统一筹备委员会上，提出了"减省现行汉字的笔画案"，当即得到众多学者的赞同，并提出把简化汉字作为一种运动来推行，主张把已经通行的简体字，应用于一切正规的书面语上。这之后不久，即连续出版了经过整理的简体字书籍。1934年，钱玄同又在国语统一筹备委员会上提出"搜集固有而较适用的简体字案"。1935年，在他主持下，编成《简体字谱》（草稿），收字2400多个。他曾经具体地把简体字的构成归纳为：一、全体删减，如"龜"作"龟"；二、采用草书，如"爲"作"为"；三、仅书写原字的一部分，如"聲"作"声"；四、原字的一部分用简单的笔画代替，如"歡"作"欢"；五、采用古体，如"雲"作"云"；六、音符减少笔画，如"燈"作"灯"；七、别造简体，如"響"作"响"；八、假借他字，如"幾"作"几"，等八种式样。这对于当时以及后来推行简化字的工作，都是很有影响的。

1935年，上海文化界一些著名人士陈望道、胡愈之等曾经组织手头字推行会，选定第一批手头字（民间手头常写的俗体字，即简化字）三百多个，并提倡在书刊上使用。把人民大众认识比较困难，书写更加困难的汉字加以简化，这是当时文化界最为关心的一个问题。

新中国成立后，党和国家更加关注汉字改革的问题。1952年成立了中国文字改革研究委员会，公布《第一批简化字表》；1954年又提出《汉字简化方案》（草案）并在报刊上发表，征求意见，于1956年1月正式公布施行。[①]

简化汉字是广大人民群众的愿望。要实现"将文字交给大众"，汉字必须简化。汉字不是一人一时一地创造出来的，而是由不同群众在不同时间、不同地区创造出来的。自从有了汉字那一天起，就存在不同字形，有繁体字，又有简体字。简体字和繁体字是相对而言的。有了繁体字，就会有简体字；没有简

[①] 当时我们编辑和注释的《鲁迅全集》（十卷本）已经用繁体字排出三卷，准备印行。从1956年起，便改为简体字横排出版发行。

体字，也就无所谓繁体字。简体字对繁体字来说是"异体字"。异体字一个字有多种写法，同音同意但不同字形。在历史上，汉字的繁体字和简体字都同时流行；在通行过程中，总是简体字得到优势，繁体字逐渐减少以至消失。这是汉字形体变迁的一般规律。

在汉字通行过程中，在许多异体字里选用某一个简体字，这是一般的正常情况；因此便淘汰了许多繁体字和其他异体字。这样，文字便得到了进一步的规范化，减轻人们识字、用字、写字的困难。这里所说的汉字规范化的中心环节，就是汉字的简化。笔画和结构的简化过程，就是汉字形体演变的结果。汉字的形体只有不断简化，才能提高实用的价值，满足人们日常生活的实际需要。

在中国字体变迁史上，简化字是主流，是占绝对优势的。汉字由形意文字发展为意音文字，是一次简化，意音文字发展为表音文字，更是简化。

汉字原是象形兼表意的，进一步发展成为表意兼标音文字。象形字是汉字最初出现的形体，标音的象形字是在象形、指事、会意出现以后出现的。象形字虽以形为主，但它是因形见义的。指事字和会意字都是以意为主，而在最初它们都是以象形为基础。形声字是由义符和声符组成的合体字，具有一半表意一半标音的作用。隶变以后，象形因素消失，变成"不象形的象形字"、"不十分谐声的谐声字"，义符和声符都起了变化，结束了象形兼表意文字的阶段，开辟了表意兼标音的局面。它不断走向简化是完全可以确定的。

中国字体具有几千年的历史，在漫长的发展变化过程中，又有如此错综复杂的情况。诚如鲁迅所说："先就是我们的祖先留给我们的可怕的遗产。人们费了多年的工夫,还是难于运用。因为难,许多人便不理它了,……又因为难,有些人便当作宝贝,像玩把戏似的,之乎者也,只有几个人懂,——其实不知道可真懂,而多数人却不懂得,结果也等于无声。"①于是解放前的旧中国,便成为"无声的中国"。鲁迅又曾说过:"我们中国的文字,对于大众,除了身份,经济这些限制之外,却还要加上一条高门槛:难。单是这条门槛,倘不费他十来年工夫,就不容易跨过。"②"但古人并不愚蠢的,他们早就将形象改得简单,远离了现实。篆字的圆折,还有图画的余痕,从隶书到现在的楷书,和象形就天差地远。不过那基础并未改变,天差地远之后,就成为不象形的象形字,写起来虽然比较简单,认起来却非常困难,要凭一个一个的记住。而且有些字,也至今并不简单,例如,"鸞"字或"鑿"字,去叫孩子写,非练半年六月,是很难写在半寸见方的格子里面的。还有一层,是'谐声'字,因为古今字音的变迁,很有些和'声'不大'谐'的了。现在还有谁读'滑'为'骨',读'海'为'每'呢?古人传文字给我们,原是重大的遗产,应该感谢的。但在成了不象形的象形字,不十分谐声的谐声字的现在,这感谢却只好踌躇一下了。"③鲁迅是赞成文字改革的,尤其是写法拉丁化。他说:"所以,倘要中国的文化一同向上,就必须提倡大众语,大众文,而且书法更必须拉丁化。"④

鲁迅在《关于新文字》里,对于清末劳乃宣、王照等人曾

---

① 见《无声的中国》。《鲁迅全集》第4卷第11页。
② 见《门外文谈》。《鲁迅全集》第6卷第92页。
③ 见同上。第84~90页。
④ 见同上。第100~101页。

经提出的办法，曾加以评论，认为那是行不通的。他认为汉字拉丁化比"注音字母"和"国语罗马字"更前进一大步，它彻底地解决汉字百多年来的问题。他写道："比较，是最好的事情。当没有知道拼音之前，就不会想到象形字的难；当没有看见拉丁化的新文字之前，就很难明确的断定以前的注音字母和国语罗马字拼法也还是麻烦的，不合乎实用，也是没有前途的文字。"鲁迅对于中国文字改革充满希望，在《关于新文字》里，他又写道："这回的新文字却简易得远了，又是根据现实生活的，容易学，有用，可以用这对大家说话，听大众的话，明白道理，学得技艺，这才是劳动大众自己的东西，首先的唯一的活路。"[①]

汉字的简化和规范化的工作，从来就得到党和政府的重视。中国文字改革委员会为了简化和整理汉字，推广普通话，1954年，即制定了《汉语拼音文字》。1956年又制定了《汉字简化方案》，从1958年秋季开始，在全国小学开始教授汉语拼音。1964年，又编印《简化字总表》，进一步推行简化字工作。新时期以来，在新世纪的第一天（2001年1月1日）开始施行《中华人民共和国通用语言文字法》，进一步确立了普通话和规范汉字作为国家通用语言文字的法律地位。这标志着我国语言文字规范化、标准化工作走上了法律轨道。这对于提高我国人民的文化素质与推动社会全面进步必将发挥更加积极和长远的作用。

[①] 见《鲁迅全集》第6卷第160页。

结束语

继承传统——改革创新

　　汉字的简化工作与书法之成为艺术并不矛盾。汉字虽不断简化，但汉字作为书法艺术载体将永远存在下去。在我们历代书法家留给我们珍品的基础上，以及当代书法家的改革创新，甲骨文、金文、篆书、隶书、真书、行书、草书……等各种形体的汉字必将永远流传下去。

　　中国是世界文明发源地之一。其他文明发源地的文字，如美索不达米亚美苏尔人的"楔形字"、古埃及的"圣书字"、南美洲玛雅族的"玛雅文"，……现在都已成为历史陈迹，只有中国汉字仍在通行，并成为我国多民族共同使用的文字。

　　近年来，随着我国进一步对外开放，与世界交往日益广泛和深入，学习汉语已成为一个热潮。2004年，为了加强对外的汉语教学工作，曾制定并实施"汉语桥工程"。汉字已成为中国精神文明的标帜。随着我国和平发展，国际地位日益提高，学习汉语的人日渐增多。联合国早已确定中文为该组织四种通用语文之一。据联合国《2005年世界主要语种、分布和应用力调查报告》的报道，从2008年起，"联合国将不再同时发行简繁两种汉字文本，只保留简体文本。"简体字在国际上将发生重大和深远的影响。如何正确地通过汉语，宣传汉字文化，也成为我们的一件重要工作。

书法艺术本是我们中华民族特有的瑰宝，在先进的社会主义文化建设过程中，对于国家统一、民族团结、社会进步和国际交流，正发挥着日益重要的作用。为了弘扬民族精神，繁荣社会主义文化事业，我们的文字工作者和书法家更应该珍视传统，继承并发扬优秀传统；贴近实际、贴近生活、贴近群众，使这一个具有悠久历史的古老文化普及到广大群众中间去。这是我们的责任，应该做的一件重要工作。

2001年12月至2005年12月初稿
2006年1月至5月修订

附图目录

图 1　泰山刻石 14
图 2　谷朗碑 27
图 3　爨宝子碑 28
图 4　爨龙颜碑 28
图 5　张猛龙碑 28
图 6　郑文公碑 28
图 7　石门铭 28
图 8　龙藏寺碑 28
图 9　始平公造像 29
图 10　杨大眼造像 29
图 11　张玄墓志 29
图 12　石鼓文 31
图 13　西狭颂 48
图 14　衡方碑 48
图 15　张迁碑 48
图 16　礼器碑 49
图 17　曹全碑 49
图 18　西岳华山庙碑 49
图 19　史晨碑 49
图 20　孔宙碑 49
图 21　石门颂 49
图 22　兰亭序 50
图 23　宣示表 53
图 24　瘗鹤铭 54
图 25　晋祠铭 54

图 26	大盂鼎	60
图 27	散氏盘	60
图 28	毛公鼎	61
图 29	甲骨刻辞	62
图 30	琅琊台刻石	68
图 31	峄山刻石	68
图 32	秦量诏版	70
图 33	秦权诏版	70
图 34	天发神谶碑	76
图 35	马王堆简	77
图 36	银雀山简	77
图 37	睡虎地简	77
图 38	荐季直表	80
图 39	孙过庭书谱	93
图 40	乐毅论	95
图 41	东方朔画赞	95
图 42	中秋帖	99
图 43	鸭头丸帖	99
图 44	九成宫碑	100
图 45	化度寺碑	100
图 46	虞恭公碑	101
图 47	张翰帖	101
图 48	卜商帖	101
图 49	梦奠帖	101
图 50	道因法师碑	102

图 51	雁塔圣教序	102
图 52	信行禅师碑	103
图 53	孔子庙堂碑	103
图 54	岳麓寺碑	105
图 55	李思训碑	105
图 56	郎官厅壁记	105
图 57	古诗四帖	105
图 58	自叙帖	106
图 59	苦笋帖	106
图 60	多宝塔碑	107
图 61	麻姑仙坛记	107
图 62	自书告身帖	108
图 63	祭侄文稿	108
图 64	玄秘塔碑	109
图 65	神策军碑	109
图 66	丰乐亭记	110
图 67	前赤壁赋	111
图 68	松风阁诗	111
图 69	蜀素帖	112
图 70	陋室铭	113
图 71	王安石杂诗	113
图 72	七律诗轴	114
图 73	七律诗轴	114
图 74	楷书千字文	114

封面设计：周小玮
责任印制：张道奇
责任编辑：程同根

图书在版编目(CIP)数据

中国字体变迁史简编/王士菁著. –北京：文物出版社，2006.12
ISBN 7-5010-2043-4

I.中… II.王… III.汉字－字体－变迁
IV.H123

中国版本图书馆CIP数据核字(2006)第130794号

中国字体变迁史简编
王士菁 著

*

文 物 出 版 社 出 版 发 行
北京东直门内北小街2号楼
http://www.wenwu.com
E-mail: web@wenwu.com
北京燕泰美术制版印刷有限责任公司制版
北京达利天成印刷有限责任公司印刷
新 华 书 店 经 销
850×1168 1/32 印张：4.25
2006年12月第1版 2006年12月第1次印刷
ISBN 7-5010-2043-4   定价：18.00元